Psicologia, Esporte e Valores Olímpicos

Psicologia, Esporte e Valores Olímpicos

Katia Rubio

© 2012 Casapsi Livraria e Editora Ltda.
É proibida a reprodução total ou parcial desta publicação, para qualquer finalidade, sem autorização por escrito dos editores.

1ª Edição	*2012*
Diretor Geral	*Ingo Bernd Güntert*
Publisher	*Marcio Coelho*
Coordenador Editorial	*Fabio Alves Melo*
Revisão	*Cristiane de Paula Finetti Souza*
Diagramação	*Everton Alexandre Cabral*
Capa	*Ana Karina Rodrigues Caetano*

Dados Internacionais de Catalogação na Publicação (CIP)
Angélica Ilacqua CRB-8/7057

Rubio, Katia
 Psicologia, esporte e valores olímpicos / Katia Rubio. - São Paulo : Casa do Psicólogo, 2012.

 ISBN 978-85-8040-155-4

 1. Competição 2. Jogos olímpicos 3. Ética 4. Esporte brasileiros
 5. Psicologia

12-0423	CDD 796.01

Índices para catálogo sistemático:
1. Esportes – aspectos psicológicos

Impresso no Brasil
Printed in Brazil

As opiniões expressas neste livro, bem como seu conteúdo, são de responsabilidade de seus autores, não necessariamente correspondendo ao ponto de vista da editora.

Reservados todos os direitos de publicação em língua portuguesa à

Casapsi Livraria e Editora Ltda.
Rua Simão Álvares, 1020
Pinheiros • CEP 05417-020
São Paulo/SP – Brasil
Tel. Fax: (11) 3034-3600
www.casadopsicologo.com.br

Sumário

Prefácio...... 11
Paulo Calçade

O que fazer com um limão? A título de introdução...... 13

A vida é de morte...... 17

Das utopias às "éticas possíveis"...... 21

A marca da criação...... 25

Sobre o perder e o ser derrotado...... 29

Por que conhecer a história dos atletas olímpicos brasileiros?..... 31

Competição, derrota e esquema de reforço intermitente...... 33

O desejo da vitória e os "Veteranos de Guerra" do esporte brasileiro...... 37

Saudade, emoção diferente. Que dor é essa?...... 41

We will rock you...... 45

Do imperialismo linguístico ao consequente imperialismo acadêmico...... 51

Sobre André Agassi, o ser atleta e o mito do herói...... 57

A sombra que o brilho provoca...... 61

De migalhas a medalhas...... 67

Entre professores, mestres, técnicos e pais...... 71

O dia em que encontrei Nicolelis...... 75

Play the Game 2011...... 79

Psicologia, Esporte e Valores Olímpicos

As aventuras de uma pesquisadora olímpica 83

O monopólio da janela de vidro 89

O semióforo do esporte brasileiro 95

Sim. É possível transformar o esporte brasileiro. 99

O dia em que a Fiel ganhou mais 5 loucos para sua torcida 105

O making off do projeto olímpico 111

Sua excelência, a torcida! 115

O preço de uma memória 121

Heroínas Olímpicas brasileiras 127

Quanto dura um instante? 133

A Cesar o que é de Cesar 137

O que esperar de 2012 141

Quando falta inspiração 145

Obrigação, desejo, necessidade, vontade 149

Ciclos que se repetem 153

O ano do dragão, videogame e MMA 157

O tempo das coisas 163

Quanto dói uma dor 167

Pelas lentes da cultura 173

As palavras mal-ditas 179

O futebol e os Jogos Olímpicos 185

Sumário

Ah... Esses homens e mulheres apaixonados 191

O peso de ser olímpico 197

Os valores universais do esporte 201

Ulisses e a pesquisa olímpica 207

A retomada do mito do herói 213

Que droga! 219

A força da cultura no esporte 225

O que é meu, o que é seu, o que é nosso 229

Larião, teu timão foi campeão! 235

O maior espetáculo de todos os tempos 239

O espírito olímpico dos mortais 243

Valores. Olímpicos? Não. Humanos. 247

Para Toshihiro, Olivia, Marcus, Mario e Cecília

Prefácio

Ao cravar limites na trajetória do ser humano deixamos de acreditar em nós mesmos. Provavelmente nenhuma outra atividade nos confronte tanto com o desejo de ir além, de superar limites e de conquistar, como o esporte.

Durante os Jogos Olímpicos de Londres, a professora Katia Rubio nos emprestou um pouco do seu conhecimento em 17 programas realizados na ESPN com o sugestivo nome de *Segredos do Esporte.*

O objetivo não era analisar o dia a dia da competição. Como anunciava um dos quadros da atração, nosso desejo era tentar desvendar o que estava por trás da imagem, os Jogos Olímpicos.

Tenho convicção de que fizemos um bom programa e que atingimos o objetivo de oferecer aos fãs de esporte um viés positivo e otimista, procurando entender todos os lados da grande competição, mesmo quando os nossos temas esbarravam na incompetência dos dirigentes ou na má gestão dos recursos do esporte.

Nos divertimos muito e aprendemos demais. Contribuímos.

Com seu trabalho sustentado por uma linha de pesquisa que deveria ter sido aplaudida pelo Comitê Olímpico Brasileiro desde o primeiro momento e não ameaçada por contribuir, esta obra também deve ser encarada como mais uma vitória.

Talvez a reação inicial do COB não tenha ocorrido apenas por mera indelicadeza, mas orientada pelo constrangimento de quem se considera dono da história.

Realmente deve ser desagradável quando alguém trabalha e pensa por você. Nada como a transparência e o tempo!

"Por que pesquiso? Porque quero respostas menos óbvias para questões que parecem resolvidas ou insolúveis", diz Rubio. É o que move o conhecimento.

Psicologia, Esporte e Valores Olímpicos

Tenho quase três décadas dedicadas ao jornalismo, uma escolha bastante óbvia para quem imaginava ser incapaz de viver longe do esporte, logo transformado em trabalho sério e dedicado. O esporte que eu imaginava saber tudo aos vinte anos de idade não existe mais. Aliás, nunca existiu. Hoje a complexidade desse fenômeno está clara, nas mais variadas áreas da ciência. Enxergá-lo numa dimensão mais próxima da realidade da indústria do entretenimento tornou-se uma imposição, uma necessidade para continuarmos nos divertindo e nos emocionando.

Esse é o desafio: perceber o impacto do conhecimento na linha de chegada e tratar de questões eminentementes a técnicas sem perder a emoção, a matéria-prima mais importante.

Da psicologia à gestão, das ciências do treinamento ao desenvolvimento de novos materiais não há limite para o saber e nem há motivo para buscar o ponto final da capacidade humana.

A melhor sensação é a de que estamos livres para aprender, refletir e experimentar. E que temos muito a fazer.

Paulo Calçade

O que fazer com um limão? A título de introdução.

Em janeiro de 2010 a vida me pregou uma daquelas peças que a gente busca apagar da história de vida, mas sem contar com essa possibilidade no menu de opções, passamos adiante, ou seja, relevamos, sem no entanto esquecer.

Naquele fim de férias de verão fui surpreendida por uma intimação por parte do Comitê Olímpico Brasileiro para recolher o livro *Esporte, Educação e Valores Olímpicos* por não poder "fazer uso da palavra olímpico sem prévia autorização do COB". O que parecia uma piada ganhou a proporção de um caso internacional de censura e abuso de poder que culminou em um recuo por parte do Comitê e um posterior pedido de desculpas. O que no princípio foi quase uma tragédia pessoal acabou por se transformar em uma possibilidade de ampliação de horizontes, fosse pelo contato com pessoas de toda a parte do mundo que fizeram questão de mostrar sua indignação e manifestar seu apoio de diferentes formas, como também me proporcionou a possibilidade de ter um canal de divulgação daquilo que penso e observo tanto na Psicologia do Esporte como nos Estudos Olímpicos, seja no Brasil seja por esse mundo de meu deus.

Os textos aqui apresentados são uma coletânea do que publiquei ao longo desses dois últimos anos no endereço eletrônico www.blog.cev.org.br/katiarubio, espaço virtual privilegiado que me foi cedido pelo Professor Laercio Elias Pereira no auge da passagem desse furacão. Criado para que eu pudesse divulgar o que ocorria naquele momento, ele depois ganhou vida própria e me permitiu exercitar, com uma linguagem menos formal que a acadêmica, a leitura das coisas que acontecem com o esporte no Brasil. Mais do que dar receitas ou dicas sobre preparação psicológica, trouxe a público minhas inquietações sobre o que observo do cotidiano do

Psicologia, Esporte e Valores Olímpicos

ambiente esportivo e também um pouco dos bastidores do projeto de pesquisa que realizo sobre os atletas olímpicos brasileiros[1] de todos os tempos. Aqui se encontra um pouco do *making off* dessa pesquisa, aventuras, reflexões pós-entrevistas, angústias que trouxe para casa após as viagens. Tento, em formato de pseudocrônicas, compartilhar um pouco do muito que esses atletas e suas histórias representam para as futuras gerações e o Olimpismo no Brasil e também a construção de uma metodologia de pesquisa em ciências humanas que pode ajudar em muito a conhecer o esporte olímpico brasileiro.

Como se pode ver, de um limão atirado em nossas cabeças se pode fazer não apenas uma limonada, mas também mousses maravilhosas, temperos variados ou um belo chá para se aquecer no inverno.

E para que esses textos ganhassem a forma de um livro, uma vez mais contei com o apoio de meu editor Ingo Guntert, que ao longo desses 12 anos de parceria, não apenas acreditou em projetos improváveis, como sempre caminhou junto contribuindo para uma linha editorial que inexistia no Brasil.

Ao meu advogado naquele processo insano Alberto Murray Neto, que assim que foi consultado sobre o que ocorria prontamente se prontificou em me defender, não apenas de um processo, mas acima de tudo de um absurdo.

Ao amigo Juca Kfouri, que assim como meu advogado, não apenas se indignou com o ocorrido como se pôs em movimento de imediato para que aquele quadro se revertesse.

Ao Professor Laercio Elias Pereira que iniciou o movimento de divulgação do fato, "me deu de presente" o blog que depois

---

[1] O projeto Memórias Olímpicas por atletas olímpicos brasileiros é uma pesquisa realizada sob minha coordenação pelo Grupo de Estudos Olímpicos, do Centro de Estudos Socioculturais do Movimento Humano, da Escola de Educação Física e Esporte, da Universidade de São Paulo e tem o apoio da Fapesp e da Pró-Reitoria de Cultura e Extensão da USP.

O que fazer com um limão? A título de introdução.

levou à produção de todos esses textos e me ensinou como usar essa ferramenta.

A todos que, depois de tudo, me ajudaram a olhar e enxergar fatos, histórias, memórias, lembranças, mensagens em vidas ainda públicas ou encobertas e escondidas por cidades e recantos desse país, ou mundo afora, e que contam a história do esporte olímpico brasileiro. Meu muito obrigada.

A vida é de morte

Gente antiga como minha avó Maria costuma usar a expressão "é de morte" para se referir a alguma coisa absolutamente fora do comum. Por exemplo, "Aquele menino é de morte, você viu o que ele fez? Desceu aquela rampa a 145 km por hora." Fico tentando entender o que de fato a morte tem de tão incomum se ela é absolutamente a única certeza que carregamos a respeito de nosso destino ao longo de toda a nossa curta ou longa existência.

Mas o que me intriga de fato, a ponto de utilizar esse espaço para divagação ou discussão, é o que leva alguém a colocar a sua existência em risco durante uma prática esportiva. Hoje cedo, aliás muito cedo porque era dia de pegar a estrada e aproveitar o descanso que os dias de carnaval nos proporciona, vejo estampada na primeira página do jornal a morte lamentável de um atleta georgiano de luge durante os treinos para os Jogos Olímpicos de Inverno de Vancouver. Dizia a matéria que ele descia a rampa a 145 km/hora em um equipamento que não possui freio nem direção e que conta apenas com a habilidade do atleta na sua condução. Outro fato importante é que vários atletas antes dele haviam se acidentado, porém não fatalmente, e reclamado do traçado da pista. Um dos candidatos a medalha perguntava, inclusive, quais eram as intenções dos criadores daquela maravilha tecnológica. Levá-los ao limite ou à morte? E foi aí que fisguei o tema dessa reflexão.

Já escrevi sobre isso em várias publicações, mas pelo que vejo essa questão continuará pulsando em meus escritos. Qual a razão da existência dos Jogos Olímpicos?

Os Jogos Olímpicos eram um ritual agonístico que ocorria em Olímpia em honra a Zeus, o maioral do panteão olímpico, e tinha por finalidade prestar homenagem aos heróis. Esses Jogos faziam parte dos Jogos Pan-Helênicos, juntamente com os Jogos Píticos (realizados em honra a Apolo, na cidade de Delfos), Ístmicos (aconteciam em Coríntio em honra a Poseidon) e Nemeus (em honra a Héracles eram realizados em Nemeia). Havia ainda os Jogos Heranos, dedicados à deusa Hera, esposa de Zeus, com a participação exclusiva de mulheres, uma vez que estas não podiam participar de qualquer outra competição... elas não eram cidadãs; e os Jogos Fúnebres, considerados os mais antigos e talvez precursores dos Jogos Olímpicos, eram dedicados aos mortos, como descreve Homero, na Ilíada; as Panateias eram um evento realizado em honra a Athena, em Atenas.

Vejam, trago essas informações para refletir sobre as muitas possibilidades que os gregos tinham de provar seu *agon*. A agonística, segundo Junito Brandão (1999) em grego *agonistiké*, significa luta, disputa atlética, e prende-se a *agon*, 'assembleia, reunião' e, em seguida, 'reunião dos helenos para os grandes jogos nacionais', os próprios jogos, os concursos, as disputas.

A agonística, em seu extremo, levava o atleta a buscar o seu limite, ou seja, diante da impossibilidade de alcançar a imortalidade o atleta perenizava sua existência por meio de um feito que, se bem-sucedido, imprimiria o nome de seu realizador na história, dando a ele uma espécie de imortalidade. Ainda hoje consta o nome de todos os vencedores dos Jogos Olímpicos da Antiguidade no museu de Olímpia. Ou seja, essa era uma possibilidade real dos homens chegarem muito perto dos deuses!

Claro está que foram necessários vários séculos e o auxílio das metanarrativas para que essa interpretação fosse possível, no entanto, a busca pela imortalidade por meio das realizações esportivas permanece a mesma. O que vejo no contemporâneo, diferentemente da Antiguidade, é que hoje as tecnologias e os interesses econômicos levam o atleta a um nível de risco absolutamente singular. Teria o atleta georgiano chegado àquela velocidade se seu equipamento não fosse feito de fibra de vidro, com tecnologia espacial etc.?

A vida é de morte

Cuidado incautos! Não uso minha pena para maldizer a tecnologia ou os avanços inevitáveis como em Lunik 9, de Gilberto Gil: "Poetas, seresteiros, namorados correi! É chegada a hora de escrever e cantar. Talvez as derradeiras noites de luar". O que discuto são os interesses em jogo que tiram o atleta da condição de protagonista maior da realização dos Jogos e deslocam para as adjacências como equipamentos, materiais, entre outras perfumarias, a condição mítica de seus feitos. Vale lembrar sempre: NÃO HÁ COMPETIÇÃO ESPORTIVA SEM O ATLETA. Isso parece óbvio, mas não é tanto assim, haja vista como nossos representantes competitivos são tratados como peças de fácil reposição de uma complexa engrenagem.

Tomo todo o cuidado possível para não ser confundida com uma romântica ingênua. Não desejo que essa discussão se desvie para uma trilha rousseaniana do "bom atleta" na esteira do "bom selvagem". Nenhum atleta é puro até que a sociedade (incluindo aí todos os interesses políticos e econômicos) o corrompa.

Os atletas aceitam os riscos que hoje correm para poderem concorrer àquele lugar único no alto do pódio que, além da medalha, rende-lhes muitos benefícios, como patrocínios impublicáveis, fama e outras coisas. E quanto mais perto estão desse ideal de vida, mais se distanciam de todas as formas organizativas e associativas que, em última instância, podem promover a proteção de suas vidas. É o individualismo neoliberal levado para dentro das arenas esportivas que, em última instância, ajuda a promover o risco de vida daqueles que deveriam proporcionar, a nós mortais, o deleite de vê-los perto dos deuses.

Pena não estar claro ainda que a imortalidade não pertence a nós.

Das utopias às "éticas possíveis"

Essa semana trabalhei com um texto sobre moralidade no esporte com a turma da pós-graduação. Turma boa a desse ano! Como sempre uma mescla que, a depender dos textos e da condução da discussão, acaba por gerar ótimas ideias. Gente da história, da educação física, da medicina, da psicologia, da educação, enfim, aquela fauna que enche os olhos (e os ouvidos) de quem gosta de uma boa discussão.

O texto transitava entre a "mercadorização" do atleta (ou a condição de *comoditie* como alguns gostam de definir) e as novas moralidades que transitam no cenário dos valores olímpicos. Chamo de novas moralidades, e não de ética como alguns desejam, porque é evidente que são valores criados e desenvolvidos para atender a algumas demandas momentâneas da sociedade.

Melhor eu tentar ser mais clara. Há quem insista em afirmar que as regras do esporte são universais, daí a razão desse fenômeno ter se globalizado. Ou ainda, que o *fair play*, ou a ética esportiva, é um desses valores indiscutíveis e tão natural quanto o amor materno ou a disposição infindável do professor para ensinar. Só para lembrar *moral* vem do latim *mos, moris* cujo significado é 'maneira de se comportar regulada pelo uso', derivando daí a palavra 'costume' e ética vem do grego *ethos*, cujo significado é também 'costume'. A semelhança etimológica, porém, não acompanha o sentido do emprego e da compreensão dos conceitos. Se a moral é o conjunto de regras de conduta admitidas por um grupo humano em determinada época, a ética busca refletir a respeito das noções e princípios que fundamentam a vida moral.

É possível afirmar que a moral, além de ser coletiva, por se constituir em um conjunto de regras como determina o comportamento dos indivíduos em grupo, também tem um caráter individual, na medida em que apenas pode ser afirmada como tal pelo indivíduo se for aceita como norma, constituindo-se como juízo interno. É a partir daí que se funda o conceito de liberdade. Ou seja, a moral constituída, aquela já construída e herdada de outras gerações, encontrada e admitida como pronta pelo membro de um grupo social, pode ser, diante das transformações por que passa esse mesmo grupo ao longo de sua existência, questionada e até transformada, caracterizando-se como moral constituinte, conjunto de valores advindos de vivências experimentadas.

Sendo assim, sempre que atitudes são tomadas envolvendo um julgamento para uma posterior ação, faz-se uso tanto do senso moral – expresso em sentimentos e ações – como da consciência moral – conjunto de exigências que orientam uma escolha –, que envolve análise e decisão, em um âmbito individual e também coletivo, e a responsabilidade para assumir as consequências dessas decisões. A consciência é o critério do valor moral dos atos.

Marilena Chaui afirma que se a moral nos organiza como sujeitos do conhecimento e da ação, tendo como princípio da humanização a racionalidade, a livre vontade e a vida em sociedade, a ética nos define como pessoas, diferenciando-nos das coisas. São os valores éticos que oferecem a expressão e a garantia de uma condição de sujeito. Por tanto, para que a pessoa possa existir,deve ser consciente de si e dos outros, ser dotada de vontade, ser responsável e ser livre. Se por um lado a moral regula comportamentos ao mesmo tempo em que permite a livre aceitação das normas, a ética é normativa porque suas normas visam impor limites e controle ao risco permanente daquilo que impede ao humano exercer sua condição de pessoa.

Toda essa volta para chegar ao ponto: como justificar a traição ao princípio fundamental do esporte, que é o direito à igualdade da competição, utilizando como argumento o cumprimento das regras e do regulamento?

Das utopias às "éticas possíveis"

Vou buscar 3 exemplos para trazer luz à discussão. O "jogo de equipes" na Fórmula 1 que deixou Barrichello e Massa algumas vezes fora do lugar mais alto do pódio, a medalha de prata de Robert Scheidt em Sydney quando o britânico Ben Ainslie literalmente roubou-lhe o vento e na última semana a derrota do vôlei masculino no campeonato mundial. Em todos esses casos as regras foram obedecidas, o que não quer dizer necessariamente que foram competições éticas, nem moralmente aceitáveis, posto que a liberdade dos atletas envolvidos foi violada.

Voltando ao cenário da aula, para minha surpresa, vi vários alunos defendendo essas posições argumentando que, afinal, a regra não foi violada. De fato não foi, mas, caso eu não os estimulasse a pensar então sobre a regra, os outros valores envolvidos nessa questão teriam sido desprezados.

Por fim, o que ficou dessa aula e da discussão no geral, é o quanto a filosofia faz falta em nossos currículos escolares. Quanto nos falta discussão crítica sobre as pequenas e grandes coisas que envolvem nossa existência como indivíduos e como seres em sociedade e que se não adotarmos estratégias de reflexão sobre a "naturalidade" daquilo que a sociedade nos apresenta a utopia não passará de um verbete no dicionário.

Referência bibliográfica

CHAUI, M. *Convite à filosofia.* São Paulo: Ática, 1994.

A marca da criação

Para começar desejo a todos um ótimo ano de 2011, ano de Jogos Panamericanos, de muitos pré-olímpicos e de acompanhar de perto o que acontece com a "nossa" Copa do Mundo de Futebol e os "nossos" Jogos Olímpicos.

Assim que cheguei do recesso de Natal e Ano-Novo e vi que iniciamos 2011 com a apresentação da logomarca dos Jogos Olímpicos do Rio de Janeiro de 2016, que, diga-se de passagem, já gerou polêmica e controvérsias.

Mal foi trazida a público e imediatamente se levantou a polêmica: a criação gráfica é ou não é plágio de uma obra de Matisse?

Poucos sabem, mas trabalhei em propaganda por quase dez anos antes de ser psicóloga. Do jornalismo fui para a propaganda e por quase dez anos gastei fita de máquina escrevendo textos publicitários (naquela época ainda não existia computadores e minha fiel amiga Azulina – uma Olivetti azul – me acompanhou pelas criações). Já não sei como se estruturam as agências, mas naquela época trabalhávamos em duplas de criação, um redator e um diretor de arte. E quando chegava até nós um *briefing,* tínhamos longas discussões junto à pessoa do planejamento, do atendimento ao cliente e, às vezes, com o próprio cliente para depois iniciarmos o processo de *brainstorm,* mais recentemente traduzido como "toró de parpite". Nesse momento líamos tudo que nos chegava às mãos: revistas nacionais e internacionais, anuários de propaganda do mundo inteiro e o que mais pudesse nos servir de inspiração. Nessas buscas, muitas vezes encontrávamos peças muito semelhantes a outras que há pouco tempo tínhamos assistido na TV ou visto em revistas de grande circulação do país. Ou seja, criamos sempre a partir de uma referência anterior.

Escrevi ao José Cruz sobre a polêmica de que o processo criativo é complexo e envolve toda nossa formação. Daí a importância da cultura geral para aqueles que desejam seguir por essa atividade.

Nele juntamos todas as referências que pescamos ao longo da vida, seja em situações banais como conversas entre doutos e incultos, aulas que assistimos desde a tenra infância até a pós-graduação, espetáculos e manifestações artísticas de toda ordem que assistimos – sejam eles um show de rock ou uma ópera.

Mas o processo não para aí. Junte-se a essa miscelânea a visão de mundo e ser humano que construímos em nossa formação humanista. Criamos e refletimos para quê? Apenas para vender um produto ou também para alterar uma situação que nos agrada proporcionando a transformação da sociedade? Aí está a diferença de uma peça eficaz – que vende um produto de forma convincente – de uma peça ontológica. Sabiam que naquela época havia agência que fazia anúncios só para concorrer a prêmios? Pois é. O criador tinha uma ótima ideia, mas os anunciantes não gostavam ou não acreditavam na proposta. Ainda assim, fazia-se a produção do anúncio (e que custava bem caro diga-se de passagem) e lá se ia a agência a Cannes, Nova Iorque ou outras praças onde esses festivais acontecem e … bingo! Muitas vezes as criações eram premiadas deixando os anunciantes perplexos por terem perdido essa oportunidade. E só assistíamos a essas preciosidades nos festivais!

E assim se passa com a logomarca do Rio 2016. A arte sugere pessoas em uma ciranda, cena arquetípica de congraçamento humano. Basta pegar o dicionário dos símbolos para ver o que isso significa e desde quando. Ou seja, lá não há nenhuma novidade! Que Matisse e outros fizeram uso da imagem, isso é inegável, mas se é arquetípica, é e pronto. De acordo com Carl G. Jung, o conceito de arquétipo deriva da observação sistemática de que os mitos e os contos da literatura universal encerram temas bem definidos que reaparecem sempre por toda a parte. Às imagens e correspondências típicas ele denominou representações arquetípicas, mas o arquétipo em si escapa à representação, visto que sendo preexistente e inconsciente faz parte da estrutura psíquica

A marca da criação

herdada e pode, assim, manifestar-se espontaneamente sempre e por toda parte. Na tentativa de desfazer o mal-entendido sobre uma condição inata dos arquétipos, Jung reitera que eles não têm conteúdo determinado, podendo, quando muito, ser determinados em sua forma, mesmo assim em grau limitado. Ou seja, uma imagem primordial só tem um conteúdo determinado quando se torna consciente e é preenchida pelo material da experiência consciente. E para escapar às especulações sobre as possíveis representações arquetípicas, Jung é categórico: o arquétipo em si mesmo é vazio, é um elemento puramente formal, apenas uma *facultas praeformandi* (possibilidade de pré-formação), forma de representação dada a priori. As representações não são herdadas; apenas suas formas o são, constituindo-se como produção sociocultural uma vez que usam um sistema simbólico – a linguagem – para serem traduzidas.

Faço essa discussão para dizer que seria difícil afirmar que a logomarca é um plágio.

Se ela cumpre ou não o seu papel ou se é bela ou não, partimos para uma discussão que se encontra próximo da estética. E aí entramos no terreno da filosofia. E não me parece que se foi tão longe para essa criação!

Sobre o perder e o ser derrotado

Há tempos preparo um texto sobre um tema tão caro a todos que trabalham com o esporte: a derrota. Em 2004, quando fui fazer meu pós-doutorado, meu tema de pesquisa era justamente a representação da derrota para atletas. Curiosamente, na época, não achei quase nada sobre o tema nos periódicos de Psicologia. Sempre que lançava a palavra-chave, era remetida a uma série de publicações na área de autoajuda, todas elas muito empenhadas em ensinar como fugir da derrota e ser sempre o primeiro.

Felizmente encontrei os periódicos da filosofia, onde achei algum material sobre essa questão. Naqueles meses em Barcelona, acabei por me envolver com um grupo que discutia diferentes temas sobre o mundo contemporâneo e lá estavam as pistas que me levaram a publicar o artigo *O imaginário da derrota no esporte contemporâneo*[1].

Interessante observar como o esporte copia a vida.

Durante muito tempo, primeiro como atleta e depois como psicóloga do esporte, o esporte me deu provas de que há muitas maneiras de se virar um jogo, não dentro da lógica neoliberal de que podemos tudo ou que o sucesso depende única e exclusivamente de nós mesmos. Como atleta, mais de uma vez vi o jogo virar no último set com ampla vantagem para o adversário. Embora tente até o presente, não sei bem de onde brotam disposição, arrogância, ingenuidade e outras características tão humanas que resumidas e sintetizadas em uma unidade ganha o nome de esperança. Como psicóloga também tive o privilégio de acompanhar atletas individualmente e equipes que insistiram em acreditar até o final e ganharam competições tidas como perdidas por seus adversários.

---

[1] Disponível em: <http://www.scielo.br/scielo.php?script=sci_arttext&pid=S0102-71822006000100012>.

Que bela metáfora para a vida. Lamentável apenas que somos educados e motivados apenas para esses momentos e não para as derrotas, tão importantes em nosso processo pedagógico para vida. Ser derrotado significa perder algo. E isso não seria natural? Óbvio que sim, mas dentro do darwinismo que impera em tantos aspectos de nossa formação perder é quase como que correr o risco de sucumbir à seleção natural. Num sentido mais amplo, para aqueles que não se contentam com a fé, perder é o fim, ainda que de um ciclo, que pode vir a se renovar ou não. Perder em um campeonato regional nos remete a possibilidade de tentá-lo novamente no próximo ano ou buscar outras competições. Já para quem busca um título pan-americano ou olímpico, a derrota pode significar uma perda irreparável, uma vez que o ciclo de 4 anos pode ser uma eternidade na vida do atleta.

Mas nada disso se compara a perda gerada pela morte, ciclo não cíclico, mas absoluto, esgotável em sua condição de finitude. Jogo sem prorrogação, sem juiz e sem tribunal de apelação. Inevitável, inexorável, lamentável, única certeza, porém, que temos na vida.

Obrigada Seo Hilário, por ter me ensinado a jogar, a ganhar e a perder. E deixo para ti uma das tantas trovas que guardaste ao longo dos anos e que nos fizeram refletir, rir e chorar... "Para manter a mensagem daquele adeus, na partida, gastei toda a coragem que eu juntei durante a vida".

Por que conhecer a história dos atletas olímpicos brasileiros?

Há dez anos, quando publiquei o livro *O atleta e o mito do herói*[1], houve quem dissesse que esse trabalho era idolatria, que eu queria fundar uma religião e que incentivava o personalismo. Naquele momento eu finalizava minha tese de doutorado e intuía que mergulhar nesse universo talvez me desse uma percepção e conhecimento do esporte brasileiro que ainda não havia sido explorado. Que bom que persisti nisso.

Volto hoje de uma série de aproximadamente 50 entrevistas com atletas olímpicos de diferentes gerações com a sensação de que trabalhar com essa metodologia é mesmo um privilégio. Isso porque estou diante de pessoas especiais (ir aos Jogos Olímpicos desde sempre foi um privilégio de poucos) seja pela habilidade física, mental ou emocional. Mas, o que me chama a atenção mesmo é a capacidade de superação, e não aquela básica relacionada com treinamento, preparação física e competição.

Falo da habilidade de sobreviver a pessoas e a uma estrutura institucional que leva o atleta a duvidar de suas possibilidades e competências. Sinto-me privilegiada também por estar diante de figuras criadas para serem consideradas heroicas, mas que diante de perguntas específicas relacionadas com suas memórias mais afetivas se apresentam, muitas vezes, no limite de sua humanidade.

Nessa perspectiva, mais do que conhecer histórias, entendo um pouco da vida do que é ser atleta, do que é se preparar para buscar um sonho (que em muitos casos se compara a uma atitude insana diante de tanta precariedade), do que é enfrentar as mazelas do poder, da mesquinhez ou do capricho. Curioso também é observar que essas impressões ocorrem independente do lugar que

---

[1] Disponível em <http://cev.org.br/biblioteca/o-atleta-o-mito-heroi-o-imaginario-esportivo/>.

hoje esses atletas ocupam – mais para próximo do poder ou mais distante dele.

Há ainda muito a fazer, mas resgatar essas histórias individuais, repletas de conteúdos coletivos, pode nos permitir compreender aquilo no que o esporte brasileiro se tornou ao longo das últimas décadas. Essas impressões nos permitem ainda ter um panorama claro de cada modalidade, do que elas foram, são e no que se transformaram ao longo dos anos e das mudanças de políticas. Não há esporte sem isso, mas no Brasil essa equação ganha contornos mais coloridos ou mais dramáticos dependendo do contexto histórico em que ele ocorreu.

Diante dos desafios futuros que temos, entendo como imprescindível esse conhecimento. Os atletas não são apenas os protagonistas do espetáculo esportivo, eles são a própria razão de ser do espetáculo. Já está mais do que na hora de perceber sua importância e tratá-los com o respeito devido,ou corremos o risco de nos divertir apenas com o esporte virtual.

Isso significa também o respeito pela memória. Não é fácil ouvir de atletas que foram os grandes representantes do esporte nacional o que significa para eles ser alguém invisível no presente tendo sido os ícones de uma geração. Invisibilidade, esquecimento, desprezo e palavras soltas que perdem conteúdo se deslocadas de um contexto repleto de vivências vitoriosas.

Obrigada a todos que me receberam, compartilharam suas memórias e continuam a acreditar que essa vida vale a pena.

Competição, derrota e esquema de reforço intermitente

Que privilégio é poder trabalhar com o que se gosta! Só isso justifica acordar em um sábado com dez graus, as 6 horas da manhã e sair da cama saltitante, para desespero de quem está por perto. Ontem foi um desses dias. Começou com uma conferência no I Seminário da Abrapesp (Associação Brasileira de Psicologia do Esporte) para técnicos, com auditório cheio e muita curiosidade por parte de psicólogos, estudantes e técnicos.

E depois vieram outras tantas surpresas e emoções. Auditório do SESC Santana cheio para o IV Fórum Esporte Escolar: História, Razões e Possibilidades promovido pela Federação do Esporte Escolar do Estado de São Paulo e pela Secretaria de Educação do Município de São Paulo. Esse evento marca o início das Olimpíadas Escolares do Município de São Paulo. Imaginem que neste ano de 2011 são esperados cem mil estudantes! Só o atletismo terá 14 etapas. Isso não só me parece fantástico, mas é quase espetacular.

Quando vejo a Maria Alice Zimmermann e o Luiz Delphino se desdobrando em inúmeros para fazer essa competição acontecer, recordo do meu passado nos Jogos Colegiais, competição que me tirava do bairro e me fazia conhecer a cidade e tantos outros atletas de escolas melhores e piores que a minha. Eu adorava tudo aquilo. O Baby Barione, na Água Branca, era nosso ponto de encontro, de alegrias e de tristezas. Jogávamos nas quadras de cimento do lado de fora e torcíamos para avançar na tabela para poder jogar no ginásio, aquilo sim era o suprassumo da competição organizada.

Baseada nessas lembranças e vivências fiz minha palestra focando os primórdios do esporte escolar e o significado da competição esportiva nesse contexto. Confesso que já não me sinto mais constrangida em abordar esse tema, porque quanto mais falo sobre isso, mais encontro professores e colegas que relatam

Psicologia, Esporte e Valores Olímpicos

pensar o mesmo, muito embora se sintam constrangidos em fazer essa defesa em público.

Vou me explicar melhor.

Assim como Parlebas (1988) entendo que o esporte em si não é bom nem ruim. Ele é aquilo que fazemos dele. Essa condição terá reflexos importantíssimos na educação física e no esporte praticados na escola, lugar de formação e de aprendizado acadêmico e da vida. E a competição entra aqui, nesse item. Por muito tempo ouvi colegas dizendo que o esporte praticado na escola é nocivo porque promove a competição e consequentemente a exclusão. Durante muito tempo achei esses argumentos esquisitos, para dizer o mínimo, afinal seria possível excluir da vida todas as formas de competição que geram exclusão? Só para pensar no básico: vestibular, concurso para ingresso em carreiras profissionais, busca de emprego, ingresso no mestrado e no doutorado, compra de ingresso para o show do Paul McCartney e do U2... quem chegou primeiro levou! Por que com o esporte na escola seria diferente? E por falar em competição... esporte não pode, mas olimpíada de matemática, física, química, português... isso vale? Ser o primeiro em mecatrônica em Helsinque é digno de mérito? Então, por que só a competição esportiva exclui? O bom de dividir a mesa com a Paula Korsakas foi que verticalizamos a conversa e pudemos afirmar que o ponto central dessa discussão está nos valores relacionados com a competição, nos preceitos éticos envolvidos com o ganhar e o perder e na importância da capacitação e qualificação dos profissionais envolvidos com esse contexto.

Isso tudo já teria feito meu sábado feliz, entretanto, ao chegar no Hotel Renaissance para o lançamento do Fórum Nacional do Esporte, promovido pelo LIDE Esporte, vi que as coisas poderiam ser ainda mais emocionantes. Encontrar atletas como Joaquim Cruz, Paula, Raí, Carmem de Oliveira, Pipoka, Ida, Cesar Scielo, Ricardo Vidal, Gustavo Borges, Lars Grael, Gilmar, Fernando Scherer, Josuel, Luiza Parente, Ana Mozer, Hortência e outros

Competição, derrota e esquema de reforço intermitente

tantos participando com seus projetos e propostas de um fórum tão privilegiado, chamou minha atenção. Os ventos parecem ter mudado de rumo. Aqueles que foram os protagonistas do espetáculo esportivo voltam agora à cena como protagonistas de projetos para o esporte. Isso seria verdade? Outros colegas da área estavam por lá: marketing esportivo, políticos, acadêmicos e a sensação de estranhamento e surpresa parecia ser compartilhada entre aqueles que já ouviram tantas promessas ao longo de tantos anos e tão poucas ações.

Logo depois do almoço os trabalhos foram reiniciados com uma apresentação de Jorge Gerdau, que para minha surpresa e felicidade afirmou: Por que o esporte é tão importante para a vida? Porque com ele a gente aprende a perder!

Como?

Então ele discorreu sobre o significado do perder dentro de uma empresa e as lições que se pode tirar disso afirmando que nenhuma outra atividade pode nos ensinar isso tão bem quanto o esporte.

Lembro que esse foi o tema do meu pós-doutorado e quando buscava bibliografia, as únicas referências que encontrava eram livros de autoajuda que buscavam, justamente, "ensinar" como ser sempre um vencedor.

Ao final de tudo o LIDE Esporte apresentou o apoio a diversos projetos na área do esporte, tendo como padrinhos mais da metade do PIB brasileiro. Definitivamente, isso não é pouco! Vi ali as iniciativas da ONG Atletas pela Cidadania serem incentivadas, o que significa que em breve veremos ações e análises sobre o esporte serem feitas a partir de outros referenciais.

O slogan da Atletas pela Cidadania é significativo *O jogo só termina quando todo mundo vence* e transmite o que essa organização criada há 3 anos busca: participar da criação de políticas públicas, promover a inclusão pelo esporte e contribuir para o desenvolvimento da infância e da juventude.

Psicologia, Esporte e Valores Olímpicos

Trabalhando para a implementação do legado social dos megaeventos esportivos que serão realizados no Brasil em breve a Atletas pela Cidadania, com apoio do PNUD e do LIDE Esporte, toma a dianteira e coloca os ídolos do esporte nacional de diferentes gerações na condição de protagonistas de uma ação coletiva cujo foco é a sociedade. Nessa ação, a Atletas pela Cidadania deu um passo sem precedentes ao anunciar a criação de um Fundo, bancado pelos próprios atletas, para o desenvolvimento de projetos que tenham o esporte como foco.

Enfim, sei que depois de tantos anos quase chegamos a desacreditar em novas promessas. Sorte nossa que ainda nos resta a opção de um esquema de reforçamento intermitente, que bem nos lembra Skinner, dificilmente nos deixará entrar em extinção.

Referência bibliográfica

PARLEBAS, P. *Elementos de sociologia del esporte*. Málaga: Colection Uniesport, 1988.

O desejo da vitória e os "Veteranos de Guerra" do esporte brasileiro

Como é bom lidarmos com nosso objeto de estudo sempre pronto a nos surpreender. Digo isso porque depois de mais de 400 entrevistas realizadas, há quem pense que já foi possível ouvir ou ver tudo a respeito de diferentes gerações de atletas. Enganam-se os incautos! Há muito mais conteúdo, histórias e memórias nos atletas olímpicos brasileiros do que se possa pensar.

Claro está que as situações de injustiça, manipulação e desrespeito se repetem independentemente da geração ou da modalidade. Enganam-se também aqueles que pensam que heróis ou vilões já nasceram com essa identidade e assim permaneceram ao longo da história do esporte, encastelado em seu uniforme, clube, federação ou confederação. Como diria Nelson Rodrigues "a unanimidade é burra". Lá e cá o que se percebe é que não há consenso sobre aquilo que muitos são ou foram.

À medida que as entrevistas vão se avolumando, tenho a impressão que cada uma dessas se apresenta como uma peça de um grande quebra-cabeça que é o esporte olímpico brasileiro, seja por momento histórico, seja por modalidade. Mas, fato é que cada nova entrevista carrega uma surpresa, uma ideia melhor elaborada sobre algo que já pensava ou um fato novo que me deixa dias pensando a respeito.

Sábado à noite, depois do Fórum Nacional do Esporte, fomos jantar, Joaquim Cruz, Ricardo Vidal e eu e passamos algumas horas falando sobre o que pensamos das novas gerações de atletas. Falamos de nossas experiências, nossas preocupações e a tendência que observamos em relação ao gosto pela competição. Fique claro que não chegamos a nenhuma conclusão, mas vislumbramos possibilidades.

Psicologia, Esporte e Valores Olímpicos

E ontem, em mais uma entrevista com mais um olímpico, vejo parte de nossas inquietações do sábado se apresentarem de forma tão espontânea que tive vontade de pegar o telefone e ligar para o Ricardo e o Joaquim. Iniciada a entrevista, Denis Marinho, do remo do Flamengo, falou de sua trajetória como atleta e dos motivos que o fizeram se dedicar aos treinos em uma época em que pegar onda e jogar vôlei na praia podiam ser mais atrativo: o prazer de vencer. Fique claro que não se falou em vencer por vencer, mas vencer para não sentir o gosto amargo da derrota, da sensação de tempo perdido com algo malfeito. Bingo! Mais um para o time. Em parte, era sobre isso que falávamos no sábado a noite. Sei que muitos outros atletas já pensaram sobre isso e narraram com outras expressões essa mesma sensação, mas nesse caso só mesmo a sincronicidade de Jung para fechar nossa questão.

Outro tema que também surge com frequência nas entrevistas é a transição de carreira, tanto para aqueles que já passaram por isso como para aqueles que estão passando. Há algumas semanas atrás postei um texto sobre a transição, mas confesso que estava mobilizada por outras questões que simbolizavam a mesma. Ontem não. Falamos da transição propriamente dita a partir do referencial de alguém que gastou mais de dez anos da vida se dedicando à prática esportiva, a defender seu clube e seu país e que ao deixar de gastar 3 mil calorias/dia precisou dar novos rumos à sua existência marcada indelevelmente pela competição, pela vitória e pela derrota. E daí veio a síntese: "nós, ex-atletas, somos uma espécie de Veteranos de Guerra". Curioso o significado dessa expressão para quem vive em um país cuja experiência com a guerra é tão distante, mas que compartilha o imaginário daqueles que depois de defenderem seu país (seja lá do que for) voltam para casa prontos a ressignificar sua vida e existência a partir dessa experiência. Óbvio também que sabemos de toda a sorte de sequelas que essa população carrega. Como se pode perceber, estou pensando nisso desde o momento da entrevista

O desejo da vitória e os "Veteranos de Guerra" do esporte brasileiro

e creio que ainda não esgotei todas as minhas dúvidas sobre o significado dessa analogia.

O que posso fazer aqui é uma vez mais agradecer à generosidade de tantos que pensam em voz alta e que me deixam a possibilidade de ainda ruminar por muito tempo questões tão singulares e que ao mesmo tempo são tão coletivas.

Saudade, emoção diferente. Que dor é essa?

A vida inteira ouvi dizer que a saudade era uma coisa de brasileiros. Com o tempo, e um pouco de conhecimento, fui observando que a emoção é universal, mas a sua denominação sim é que está sujeita às mazelas da cultura. Melhor ainda seria dizer que a emoção é um constructo teórico e com isso podemos usar quantas palavras ou conceitos quisermos para justificar, analisar ou tentar ensinar sobre algo que se sente. E com a ampliação do vocabulário em português e outros idiomas foi possível perceber um certo bairrismo ao dizer que apenas nós sentimos saudade.

Lembro de uma canção de Chocolate e Elano de Paula, cantada pelo Luiz Caldas e anos mais tarde regravada por Caetano Veloso, que meu pai assoviava enquanto cuidava de sua horta, que dizia:

> Saudade, torrente de paixão emoção diferente;
> que aniquila a vida da gente;
> uma dor que eu não sei de onde vem...

E foi essa dor chamada saudade, que me inspirou a escrever esse texto, afinal, dizem os teóricos que desde o momento do nascimento, exceto pela constatação de alguma insensibilidade congênita, todos os seres humanos convivem com a dor em algum grau. Isso porque ela funciona como um alarme frente a alguma alteração biopsíquica. Alocada entre as funções humanas vitais, a dor tem função adaptativa, educativa e protetora, uma vez que protege o indivíduo de situações de risco à existência. É por meio dessa percepção que se aprende a evitar e reconhecer situações e objetos que provocam o surgimento ou agravamento de lesões.

Psicologia, Esporte e Valores Olímpicos

Não bastasse isso, a incorporação da perspectiva subjetiva da dor representou um avanço no tratamento de pacientes álgicos, na medida em que se passou a admitir a possibilidade e existência da dor sem uma relação direta com uma lesão tissular. Isso porque até um passado recente as queixas que não pudessem ser comprovadas com a existência de alguma lesão ou afecção eram desconsideradas ou julgadas como criação do paciente em busca de algum ganho secundário. Quando as dimensões culturais passaram a ser consideradas nessa discussão, o espectro desse fenômeno ampliou-se sobremaneira, afinal, a mesma dor poderia ser descrita de diferentes maneiras, ou ainda, nem ser nomeada, visto que há emoções que apenas se podem sentir.

Pois bem. A saudade pode ser um sentir falta de, uma melancolia inominável, um desejo de reversão do tempo (ou de contenção dele), a fantasia mágica de alteração da ordem de coisas... enfim, cá estou eu esgotando meus recursos cognitivos para nomear, sintetizar ou analisar as sensações e sentimentos de tantos narradores que escuto e que me fazem pensar em minhas próprias saudades.

Como diria o José Simão, mantenho minha saga mesopotâmica de busca pelos atletas olímpicos brasileiros e a cada semana novos depoimentos são somados às centenas já coletados. E, para minha felicidade, cada história traz um elemento novo, seja histórico ou pessoal, sobre os rumos do esporte brasileiro. Mas, o que mais me chamou atenção nesses últimos dias, talvez pela minha própria sensibilidade ao tema, foi a sensação de muitos relacionada à saudade de algum momento da própria vida, saudade essa manifestada sob diferentes expressões que vão da dor da perda de algo muito precioso, passando pela impotência de não se poder reviver ou conviver com o imprescindível ou as manifestações inconscientes que trazem de volta o narrador a um fato ou momento inesquecível. A manifestação inconsciente mais comum aos narradores costuma ser o sonho. E, perguntados sobre esses conteúdos, muitos dizem sonhar com os companheiros de modalidade e com a situação

Saudade, emoção diferente. Que dor é essa?

específica da competição, outros relatam cheiros, cores e sons, todos eles relacionados ao cenário esportivo tão caros à percepção. Cheguei até a desafiar os membros do Grupo de Estudos Olímpicos da EEFE-USP a vasculhar Merleau Ponty e Gaston Bachelar em busca de resposta a essas questões emergentes. O que de fato salta aos olhos é que essa sensação descrita como saudade se assemelha a uma melancolia percebida como dor, pergunta que também faz parte de nossa investigação.

Então, saudade... que dor é essa?

Talvez seja aquela alocada no âmbito das dores indefinidas e que estão camufladas em diferentes disfarces como a inquietude, a indisposição, às vezes a impaciência, mas nunca a insensibilidade porque ela está ali, cotidianamente, a fazer lembrar da perda de algo caro, não quantificável, apenas sentido.

Como na carreira esportiva, acumulamos ao longo da vida momentos, amizades e relações preciosas que não imaginamos, ou desejamos, que se vão. Cada instante vitorioso ou prazeroso dá a falsa impressão de que será eterno e colabora para isso a memória seletiva relacionada com o prazer, os equipamentos de imagem e som que congelam cenas eternizando-as e nossos pares, colegas, familiares e torcedores que nos surpreendem com uma lembrança muitas vezes escondida no fundo de nossos baús, gavetas, malas e pastas simbólicas, onde os cupins e o mofo não têm acesso.

Alguns medalhistas chegaram a me dizer da saudade do momento do pódio. Não se engane sobre essa frase e sua repercussão. É claro que uma afirmação dessas a uma psicóloga inevitavelmente será seguida da frase... fale-me um pouco mais sobre isso. E então confirmo que a saudade está relacionada ao processo que leva ao pódio, que no fundo quer dizer... como aquele momento foi breve... São anos de trabalho, dedicação, abstinência de vida social e pessoal para ser sintetizado em poucos minutos e, a depender da competição que gerou a medalha, poucas lembranças deixa

Psicologia, Esporte e Valores Olímpicos

do momento em si, restando as imagens estáticas e dinâmicas das câmeras que o registraram. Mas, esse elemento temporal será objeto de um outro texto.

O que busquei registrar foi a dimensão afetiva implícita na expressão saudade, mas, como já dito acima, diante do sentir, isso tudo não passa de elucubração.

We will rock you

Estou em Londres saindo do 16º congresso do Colégio Europeu de Ciências do Esporte, em Liverpool, e a caminho do Congresso da Federação Europeia de Psicologia do Esporte, em Funchal, na Ilha da Madeira. Foram apenas duas noites na capital inglesa, tempo suficiente para observar muitas coisas a partir do referencial do estrangeiro, um outro olhar.

A Londres de 2011 é uma cidade tomada por obras por todos os lados. O trânsito, tradicionalmente ruim, está pior do que nunca. Se tiver pressa, vá de metrô. Guindastes, tapumes, prédios embrulhados, trabalhadores com capacetes de diferentes cores se movimentam por todos os lados... fiquei pensando se o Rio viverá isso para 2016. E se for para ter uma Barcelona ou Londres pós tudo isso, vai daqui meu voto favorável.

Desde que estive aqui pela última vez (e isso já faz 7 anos) Londres me parece mais cosmopolita do que nunca. A profusão de tonalidades de pele, formato de olhos, estaturas e línguas faladas quase me fez sentir participante da cena do bar do filme Guerra nas Estrelas: é quase um outro mundo... que mundo maravilhoso esse da diversidade onde há espaço para todos. É essa Londres que sediará os Jogos Olímpicos no ano que vem e que nos seus 8 minutos de apresentação na cerimônia de encerramento dos Jogos de Pequim trouxe uma trupe dentro de um ônibus vermelho de dois andares embalada por nada mais nada menos que Whole lotta love, do Led Zeppelin. Lembro do arrepio que senti naquele momento. Era a modernidade do rock invadindo a praia da secularidade olímpica sagrada!!! Bendito sejam os Jogos do século XXI e tudo o que eles podem representar para essa tradição inventada chamada olimpismo. Afinal, embora não fosse o desejo inicial de Coubertin, o esporte que era para ser uma ferramenta pedagógica para todos, uma via para a paz universal tornou-se prática de poucos em função da atitude aristocrática dos dirigentes do Movimento Olímpico. Claro que na terra da monarquia o que mais se observa são tradições que vão da manutenção dos símbolos reais (sejam eles vivos ou mortos) aos monumentos inanimados que nos fazem lembrar a todo instante há quantos anos se cultua uma determinada tradição.

Pois é. Tudo isso para se chegar ao *rock'n roll*.

Inquestionável dizer que a Inglaterra é a terra do *rock'n roll*. Não quero desmerecer Elvis e alguns outros estadunidenses, mas como questionar Beatles, Led Zeppelin, Deep Purple, Genesis, Pink Floyd, Queen, sem falar em Eric Clapton e outros tantos? Ok. Sei que os puristas podem dizer que o imperialismo cultural nos levou a gostar desse barulho elétrico e que a força da indústria cultural nos faz consumir esse produto como se de fato gostássemos dele. Não vou comprar essa briga que tantas horas de discussão me custou com Seo Hilário. Ele e Dona Darcy que me ensinaram a ouvir música popular brasileira desde sempre e que são responsáveis pelo meu repertório variado, não se conformavam que eu pudesse ouvir toda aquela ordem de barulho na adolescência. Felizmente eles também não participavam daquele grupo de pais radicais que chegavam a proibir os filhos de ouvir "o diferente". Importante esclarecer que gostar de rock não significou deixar de gostar de música brasileira. Simplesmente foi mais um gênero de boa música (é bom que se destaque isso) incorporado ao meu universo musical. Confesso que o rock ficou em segundo plano na minha vida até que meu filho Toshihiro começou a ouvir aquilo que eu escutava há muitos anos. Seu interesse começou com Pink Floyd (quem não curtiu The dark side of the moon?), e logicamente foi parar rapidinho em Led Zeppelin, Black Sabbath, Deep Purple, chegando a bandas que não cheguei a ouvir, como Metallica e outras. Fato é que com ele pude descer a Serra de Santos com os vidros abertos e o som a milhão ouvindo Highway Star, batendo cabeça... e pasmem... meu filho mandou eu baixar o som. Peraí,

We will rock you

mas o Belchior não tinha escrito para a Elis cantar "ainda somos os mesmos e vivemos como nossos pais"?

Mas, voltemos a Londres. Ontem a tarde fui com o Flávio numa matinê as 14h30 assistir *We will rock you* que está em cartaz há dez anos. Teatro quase lotado com um público que ia dos 12 aos 120 anos, aproximadamente. O espetáculo é todo baseado em músicas do Queen. Não é um *show cover* como fomos assistir outro dia da banda Let's Zep. É uma criação sobre a qual não se pode falar sem fazer uso de adjetivos. Criativa, bem montada, bem-humorada, inteligente (fique a vontade, quem já viu, para acrescentar os outros tantos adjetivos que porventura achar conveniente). A começar de uma brevíssima história do rock contada em poucas frases datadas, que vão da década de 1950 com Elvis, passando pelo presente e a inevitável constatação da decadência, até chegar a um futuro 2040 quando não mais existirá música acústica ou instrumentos musicais, a trama se inicia com a constatação da pasteurização da cultura e a massificação despersonalizada. Posso estar enganada, mas o autor deve ter se inspirado no primeiro Metrópolis ou Blade Runner e em outras ficções futuristas para compor a cena. Não bastasse isso, ajudado por toda a tecnologia disponível para o teatro na atualidade, temos um espetáculo quase em 4D, faço supor. Não tenho qualquer pretensão de fazer aqui uma crítica ao espetáculo e procurarei me ater apenas ao que tudo aquilo me fez pensar sobre que lugar é esse onde se pode produzir um espetáculo como aquele.

Lógico que me lembrei dos 8 minutos de Pequim, o ônibus de dois andares e Wole lotta love, afinal estava eu diante de clássicos do *rock'n roll* tomando algumas bofetadas da modernidade que por vezes parece tão indigesta, porque sendo diferente causa aquele desconforto tão comum ao desconhecido ou nos desperta e chama para aquilo que de melhor o desconhecido nos oferece. Diante dos meus olhos e ouvidos o novo e o velho ficaram por 3 horas discutindo virtudes e defeitos do atual e do antigo embalados por *Somebody to Love, Play the game, Crazy little thing called love, Radio gaga, I want to break free, We are the champions,* entre outros, e para terminar Bohemian Rhapsody, claro. Alguns novos buscando as origens do singular enquanto a massa seguia alienada o padrão de consumo cultural ditado pelos donos do poder. Que metáfora! E tudo isso com um balé impecável, cantores e atores ótimos... na terra dos Jogos Olímpicos de 2012.

No enredo não faltaram o choque da mesmice do vestir ou falar e se portar, nem a irreverência do punk já transformado em estilo, relido no espetáculo como a resistência em forma de contracultura, para esse futuro onde não existe música nem os instrumentos que a fazem se materializar como vibração. Óbvio, me parece, que não gastaria esse espaço se tudo isso não tivesse tocado a razão do sensível. Faltando um ano para minha metanoia temporal, mas não psíquica, que isso fique aqui afirmado, penso que aquilo que me atingiu foi justamente o diálogo entre o que foi e o que virá. O ancião do espetáculo guarda consigo algumas peças arqueológicas que o fazem ser perseguido pela repressão local como uma fita cassete, um televisor e a lembrança de como a música era feita no passado. Isso me fez lembrar o momento dramático da minha história quando tive que me desfazer dos meus quase mil vinis por falta de espaço em casa, muito embora o toca-discos ainda permaneça embalado. Não bastassem aquelas peças, ele ainda resgata uma Harley Davidson e, claro, o som produzido pelo seu motor. Interessante observar como a nostalgia pode ser ativada mesmo quando ainda nos sentimos tão novos. De imediato me veio à memória uma colação de grau na Faculdade de Filosofia, Letras e Ciências Humanas da USP, da qual a professora Marilena Chaui foi a paraninfa. Enquanto os formandos entravam pelo corredor central, ela ficou imóvel da mesa olhando para todos aqueles bacharéis e licenciados, quase como se não respirasse. E quando lhe foi dada a palavra, ela uma mulher madura, mas não uma anciã disse: "Fico daqui olhando e vejo vocês tão jovens!

We will rock you

Como vocês são jovens!" Essas palavras não seriam proferidas por uma filósofa se não quisessem dizer muito mais do que disseram apenas. E ali, no teatro, naquele momento, lembrei disso e fiquei pensando naqueles jovens e na minha própria juventude.

Saí do teatro olhando aquela multidão perto de Oxford Circus e de novo me senti no filme Guerra nas Estrelas ou em Blade Runner. Só faltou a chuva, que naquela tarde resolveu dar uma trégua. Bem em frente ao teatro, um grupo Hare Krishna com seus instrumentos e coro que me fizeram lembrar *Within you without you*, do Sargent Pepper's, ou *My Sweet Lord* de um George Harrison pós-Beatles. E àquela hora a profusão de pessoas de diferentes origens era ainda maior, acentuando a diversidade da cidade mais cosmopolita que já passei. E deixei então a cabeça rolar e comecei a imaginar como será a abertura de Londres 2012.

Do imperialismo linguístico ao consequente imperialismo acadêmico

Um dia antes de sair para a viagem que agora faço, tive o prazer de jantar com o jornalista dinamarquês Jens Sejer Andersen. Jens (pronuncia-se Iens, *in portuguese*) é uma daquelas pessoas singulares que já foram mais comuns no passado. Sensível, solidário, idealista e que, para nossa sorte, envolveu-se com o esporte e hoje deposita sua energia em um movimento internacional chamado *Play the Game* (www.playthegame.org). Ele tinha feito contato para conversarmos sobre projetos futuros e me pegou num daqueles dias de pura exaustão, quando não é possível raciocinar nem em português, quanto mais em outro idioma. Depois de algumas tentativas infrutíferas de articular mais que dois pensamentos lógicos pedi-lhe desculpas pela minha incapacidade de comunicação no idioma bretão naquele momento. Ele me deixou muito a vontade e começou a falar em espanhol, minha verdadeira segunda língua. E então a conversa fluiu e pudemos avançar por territórios de nosso pensamento abstrato, condição possível apenas quando mais de uma pessoa compartilha dos mesmos códigos da comunicação.

Avançamos no jantar (e na garrafa de vinho) e então, para minha surpresa Jens me pediu desculpas por me fazer gastar minha energia falando em um idioma que não era o meu natal, afinal, estando em meu país ele entendia que seria uma atitude respeitosa falar a minha língua e não qualquer outra, tomada como universal, sabe-se lá por que. Sei que aquela fala não carregava qualquer hipocrisia. Ele de fato parou para pensar no que havia ocorrido ali, naquele momento, e que tinha significados mais profundos para quem olha para o mundo com o cuidado DE FATO do respeito à diferença. Jens, mais do que um estudioso da cultura e da diversidade é alguém que PRATICA o que se entende por multiculturalismo ou transculturalismo. Naquele jantar fui convidada a ser uma das *speakers* na conferência *Play the Game* 2011 e ainda sob o efeito de todos os temas conversados disse que me sentia honrada pelo convite, mas que se estivesse em um dia como aquele que passou conseguiria comunicar pouco mais que meu nome aos ouvintes. Evitando um mal-estar desnecessário ele me respondeu que isso não seria problema e que se aplicaria a mesma fórmula utilizada no ano anterior com Eduardo Galeano (sim, ele mesmo), ou seja, eu iria falar em português, meu idioma natal, com o qual eu posso respeitar o lirismo das palavras, a delicadeza das metáforas e não deixar escapar o humor, sutil mecanismo do inconsciente, possível apenas àqueles que dominam perfeitamente as mazelas de qualquer idioma.

Saí do jantar pensando que talvez tivéssemos quebrado um paradigma não apenas na produção do conhecimento, mas principalmente no entendimento entre os povos... e não é disso que os estudiosos da cultura costumam se ocupar?

Dias depois aportei em um território sagrado do conhecimento: um congresso. Palavra de origem latina *congressus*, cujo significado é encontro, podendo ser ele hostil ou amigável, e se decomposto poderíamos ainda ter *com*, junto de e ainda *gradi*, caminhar. Sempre entendi os congressos como momento de encontro entre pessoas que buscam compartilhar conhecimento, apresentar o que fazem com a coragem e a honestidade de trazerem a público aquilo que deu certo, e também errado, em suas pesquisas. Confesso que tomei essas situações como aversivas durante muito tempo, justamente por conta da barreira linguística.

Sou uma daquelas pesquisadoras que trabalha um texto como uma peça de artesanato. Não me basta apenas comunicar uma ideia seguindo o manual que nos obriga a seguir o esquema de sumário, apresentação, metodologia, discussão e conclusões. Quanto tempo

Do imperialismo linguístico ao consequente imperialismo acadêmico

mais será preciso para que os doutos entendam que, pelo menos nas ciências humanas, é possível se escrever um texto acadêmico sensível, quase poético? Faço e refaço uma frase ou vários parágrafos tantas vezes quantas achar necessário até que eles possam exprimir não apenas aquilo que penso, mas também aquilo que sinto. Ao falar isso, essa situação ganha uma outra dimensão. Que prazer poder comunicar uma ideia com a fluidez do mel que cai da colher ou então fazer um chiste aproveitando uma situação que ocorre no momento da fala e que se encaixa perfeitamente à situação. Bendito seja todos aqueles que se debruçaram sobre a linguagem e a circulação de significados que ela carrega. Lembro de ter escrito em minha tese de livre-docência que a linguagem deixou de ser uma forma de relatar ou transmitir com neutralidade os significados que pretendemos expressar e passou a constituí-los. Dessa forma, os considerados fatos naturais, também denominados realidade, são tidos como fenômenos discursivos, cujos significados surgem a partir dos jogos de linguagem e dos sistemas de classificação nos quais estão inseridos. E assim, o discurso não é entendido no seu aspecto linguístico ou como um conjunto de palavras, mas como um conjunto de práticas que produzem efeitos no sujeito.

Imaginava que seriam desnecessários todos esses argumentos em um fórum onde a cultura fosse a questão norteadora das discussões. Afinal, os desdobramentos da operacionalização de um conceito expandido de cultura são, para Escosteguy (2003), o momento em que os Estudos Culturais prestam atenção às formas de expressões culturais não tradicionais, descentrando a legitimidade cultural. Além disso, enfatizar a noção de cultura como prática a define nos campos social e econômico, dentro dos quais a atividade criativa é condicionada. Isso representa a necessidade de atentar para as relações de produção, distribuição e recepção culturais, assim como sobre as práticas econômicas que estão intimamente relacionadas à constituição do sentido cultural. Não vou aqui reescrever minha tese, mas apenas reforçá-la. Faço essa digressão para manifestar meu descontentamento com aqueles que ousam teorizar sobre o multiculturalismo, mas não conseguem superar uma condição planetária básica que é a diferença de idiomas. Onde está o respeito se imponho de antemão uma forma de comunicação tida como universal?

Longe de desejar fomentar a discriminação ou a xenofobia, vejo que embora muito se tenha avançado naquilo que se refere à integração entre pesquisadores de diferentes partes do mundo, isso só pode acontecer (ao olhar de muitos) se ocorrer no idioma tido como universal no meio acadêmico, que é o inglês. Não importa de onde você seja ou o que você pense, a manifestação do pensamento terá que ser nesse idioma. E essa imposição, ou espécie contemporânea de imperialismo linguístico, gerador do imperialismo acadêmico, ganha contornos dramáticos quando não basta apenas se seguir a forma, mas é preciso caminhar par e passo também com a estrutura de pensamento do outro idioma. Ou seja, as frases têm que ser curtas e objetivas, sem muitas abstrações ou figuras de linguagem, afinal ingleses e americanos pensam assim.

Acompanho com espanto e preocupação a aquiescência a esse movimento. Por que seguir esse padrão se nossa forma de pensar e explicar o mundo é outra? Quiseram me convencer que não explicamos quase nada e que reproduzimos, em grande medida, as explicações de outros, afinal, se não fosse assim, por que usar tantos termos como conforme, de acordo com, segundo ou no entender de?

Resgato uma passagem do livro Guerra e Paz, de Tolstoi, em que uma das manifestações de erudição da aristocracia russa era fazer uso de palavras em francês. No entanto, quando Napoleão chegou às portas de Moscou, esse hábito passou a ser tomado como nocivo, e uma brincadeira utilizada nas festas era fazer os descuidados pagarem multa por palavras proferidas no idioma do imperialismo da época.

Do imperialismo linguístico ao consequente imperialismo acadêmico

Não estou propondo nenhuma cruzada contra a imposição do inglês no meio acadêmico, mas lembrar que há muito mais vida inteligente para além das fronteiras onde se fala esse idioma. E se desejamos ter acesso a alguma informação que de fato nos interessa, nós buscamos as maneiras necessárias para acessá-la. Nesse sentido fica aqui registrado todo o meu agradecimento a quem de fato faz esse esforço na pessoa dos professores da ISSA como Kim Schimmel, Steve Jackson, Elisabeth Pike e J. Coakley que desde nosso primeiro encontro não deixaram que as barreiras linguísticas dificultassem nosso diálogo no sentido do entendimento de fenômenos tão caros a todos nós. Saibam vocês, querido colegas, que mais do que praticarem o respeito à diferença, que tanto teorizamos e estudamos, vocês são um exemplo da superação do imperialismo acadêmico ainda tão presente em nosso meio.

Referência bibliográfica

ESCOSTEGUY, A. C. D. Os Estudos Culturais e a constituição da sua identidade. In.: N. M. F. Guareschi e M. E. Bruschi (orgs) *Psicologia Social nos Estudos Culturais*. Petrópolis: Vozes, 2003.

Sobre André Agassi, o ser atleta e o mito do herói

Gosto de viajar, mas não sou muito chegada em viagens que começam em um dia e acabam no outro... de avião. Por isso, dessa vez preparei um arsenal de dar inveja a qualquer insone: computador com a bateria total, *Ipod* sem faltar nem um milímetro no marcador e um livro, caso a energia elétrica falte em qualquer dos postos avançados onde eu possa me reabastecer. Como a mala foi feita vinte minutos antes de ir para o aeroporto acabei esquecendo meu livro favorito em casa e tive que comprar outro. Achei a biografia do André Agassi já no aeroporto. Cheguei a pegar 3 livros na mão, mas considerando o peso e o preço achei prudente não exceder nem o peso da minha mochila, nem minha conta bancária.

Esqueci do *Ipod* e do computador e abri o livro ainda na sala de espera do aeroporto e só parei depois de ler a última página, já na minha cama de hotel, mesmo tendo outras várias coisas para fazer. Imagine o que é ler uma biografia para quem pesquisa memória e escreve sobre a vida de tanta gente, ou melhor, de tanto atleta. Até agora já foram mais de 400 atletas olímpicos brasileiros, mas cada um é cada um. E o Agassi não poderia ser diferente.

Já li muitas biografias de atleta e a maioria parece reforçar o imaginário heroico que tanto estudo. Seres sobre-humanos, incansáveis em suas batalhas, alguns quase beirando a perfeição... um tédio, muitas vezes. A memória é uma coisa curiosa, porque muito mais que objetiva ela é afetiva, por isso que quando contamos uma versão sobre um episódio passado ela não obedece, necessariamente, à cronologia dos fatos. A memória opera com grande liberdade escolhendo acontecimentos no espaço e no tempo, não arbitrariamente, mas porque se relaciona por meio de índices comuns. Sem contar que toda memória pessoal é também social, familiar e grupal, e, por isso, ao recuperá-la é possível captar os modos de ser do indivíduo e da sua cultura.

Vou até um pouco mais longe. Bachelar (1994) entende que a memória não se realiza por si mesma, por um impulso íntimo. Diz ele:

> É preciso distingui-la do devaneio precisamente porque a memória verdadeira possui uma infraestrutura temporal que falta ao devaneio. A imagem do devaneio é gratuita. Ela não é uma recordação pura porque é uma recordação incompleta, não datada. Não há data nem duração onde não existe construção. Não há data sem dialética, sem diferenças. A duração é o complexo das ordenações múltiplas que se confirmam umas às outras. Se pretendemos viver num domínio único e homogêneo, percebemos que o tempo não pode mais passar. No máximo, ele dá alguns saltos. (p. 52)

Pois bem. Esse devaneio todo para falar da biografia do Agassi, ou seja, é mais que memória, ela foi elaborada, produzida, corrigida, mas ainda assim fala de sua história, de seu passado. Fiquei pensando no final se a intenção dele era contar, para todos nós que o vimos jogar, que ele só queria ser humano. A grande obsessão da sua vida foi tentar descobrir quem ele era para não ser tratado como uma máquina de jogar tênis, criada e produzida por seu pai. Fala de suas imperfeições, da dor e do medo. Um sujeito demasiadamente humano que busca todo o tempo se mostrar falível, imperfeito, inseguro, apenas um mortal que joga tênis. Que fez muito ao ganhar 8 Grande Slams, ter sido o jogador mais velho a fazer várias coisas (e a ganhar também), mas faz questão de ressaltar a todo instante os custos de tudo isso. A relação quase maldita com o pai que o obrigava a jogar (embora ele nunca duvidasse do amor paterno), o desprezo pelo técnico que tratava os alunos da academia como gado, a infelicidade dentro de uma escola. Curioso ver que isso

Sobre André Agassi, o ser atleta e o mito do herói

não se aplica somente ao tênis, mas a muitas outras modalidades esportivas e que para cada Agassi que dá certo, tantos outros ficam pelo caminho, seja pela falta de sensibilidade do técnico ou pela inadequação de um treinamento feito de forma massificada sem a preocupação de buscar na singularidade do gênio as suas imperfeições para poder lapidá-las, tornando-o de fato, genial.

Isso me remeteu a alguns dos melhores atletas brasileiros que já entrevistei e que narraram momentos decisivos de suas vidas relacionados com seus técnicos. Alguns queridos, outros temidos, muitos apenas carrascos! É emocionante ver Agassi, e também vários atletas olímpicos brasileiros, contarem a afeição que têm por aqueles que ensinam, cuidam, torcem e protegem um ser tão vulnerável como é o atleta. Enganam-se os incautos que pensam que o atleta é um ser sempre pronto para vencer. Poucos sabem o que é lidar com o medo avassalador que antecede uma competição e as estratégias que cada um acaba por desenvolver para enfrentá--lo. Já ouvi muitas descrições a esse respeito, que vão desde um dragão que devora até um abismo vertiginoso, centrípeto, infinito. O medo quase sempre está associado à derrota, afinal vi poucos que relatam terem medo de ganhar, embora esses também existam.

Mas, a derrota, como já escrevi em outro texto, representa um mal-estar da sociedade contemporânea, e no esporte está simbolizada como o inferno, o Hades de toda atleta, principalmente o profissional. Agassi fala das muitas derrotas que sofreu, inclusive daquelas que assim o fez para que tudo terminasse mais rápido, com menos dor. Em algumas mostra a falta de maturidade, em outras tem a compreensão plena do que aconteceu, mas o mais interessante de todas as reflexões é que não há esporte onde a derrota não esteja lá, batendo cartão, assinando o ponto. Que bom seria se no treinamento de nossos atletas pudéssemos ensinar algo a esse respeito e não simplesmente negássemos a existência da derrota, afinal perde-se muitas coisas e de muitas maneiras diferentes quando se pratica esporte. Patrocínio, profissionais, condição física, vitalidade... mas essas perdas são tomadas quase que como naturais, banalizando a dor que cada uma delas causa.

Fico com a impressão de que, durante todo o livro, Agassi tenta se humanizar, descer do Olimpo, enquanto descreve sua trajetória. Os custos do afastamento da família e dos entes queridos, a rebeldia manifesta na forma de se vestir e se portar na busca de sua identidade, a depressão e o uso de drogas para superá-la, o sofrimento com relações desfeitas e por fim a encontro com um ideal que coloca a sua energia no social, no outro.

A construção de sua escola e a dedicação ao projeto só afirmam essa trajetória heroica. Lá no deserto onde cresceu e foi criado constrói a instituição dos seus sonhos e que não teve oportunidade de frequentar quando criança: uma escola que tem por objetivo formar pessoas e não simplesmente cumprir currículos. Fico impressionada como toda essa descrição bate com a ideia do mito heroico no esporte, ou seja, do atleta voltando a suas origens, devolvendo para a sociedade aquilo que pode conquistar, fechando um ciclo como se fosse um urobórus.

Ou então, no melhor estilo Quíron, ele passa a cuidar das dores alheias para poder lidar com a sua própria. E uma vez mais, é impossível escapar do mito!

Referência bibliográfica

BACHELARD, G. *A dialética da duração*. São Paulo: Editora Ática, 1994.

A sombra que o brilho provoca

Estou no Congresso Pan-asiático de Educação Física e Esporte, em Pequim, na China, cercada por pessoas de diferentes partes do mundo. Embora os asiáticos sejam a franca maioria, há ainda espanhóis, estadunidenses, australianos, portugueses, iranianos, alemães, enfim, é quase uma assembleia da ONU esportiva.

Gosto muito desse tipo de evento porque sempre me parece uma aventura antropológica. Não apenas pelas pessoas que estão no congresso mesmo, mas pela oportunidade de conhecer a cultura local, menos para julgá-los e muito mais para tentar entender por que é que essas pessoas agem de determinadas maneiras diante de situações específicas.

Impossível passar pela Praça da Paz Celestial e não lembrar daquele estudante, sozinho, parando um tanque de guerra. Sabemos que seu fim foi dramático e que sua atitude não foi um gesto heroico de coragem. Ele o fez porque nasceu e cresceu na China. Mas, falo tudo isso para chegar nos colegas espanhóis Pere Lavega, da Universidade de Lleida, e Juan Carlos Luis-Pascual, da Universidade de Alcalá, com quem tenho compartilhado muitas impressões nesses últimos dias. Pessoas amigáveis e pesquisadores dos Jogos Tradicionais Pere e Juan Carlos têm um olhar diferenciado sobre muitas coisas da Educação Física e do Esporte. E foi da conversa com Juan Carlos que surgiu a ideia de escrever esse texto. Falávamos sobre o desfecho do caso Cielo, afinal o campeonato mundial de natação está sendo realizado perto daqui, em Shanghai.

Ele me perguntou o que de fato estava ocorrendo, afinal a vitória dos brasileiros no tribunal instalado aqui na China parecia alguma coisa fora do comum. Tentei explicar quem é o Cesar Cielo, não pelo que li nos meios de comunicação a seu respeito, mas a partir da pessoa que conheci ao entrevistá-lo para meu projeto de pesquisa e em algumas situações que tivemos a oportunidade de estar juntos depois disso.

Entrevistei o Cesar no segundo semestre do ano passado, depois de quase dois anos tentando me aproximar sem sucesso. Alguns poderiam tomar isso como um dado de atitude soberba depois de conquistar a condição de campeão olímpico e mundial nas provas de maior visibilidade da natação. Falei com sua assessoria de imprensa, com sua mãe e graças ao Nunes pude finalmente chegar a ele para uma entrevista, sem hora pra acabar, após seu treino na academia. E ali pude entender porque de tanta demora. Cesar é um atleta que vive para nadar, optando por abrir mão de tantas coisas caras a outros de sua idade. Não bastasse isso, ele pratica para ser campeão, para vencer, e não tem vergonha de dizer isso. Alguns fatos de sua vida não são segredo. Treinou no Brasil até ver que não teria mais como se desenvolver. Foi para os EUA treinar e estudar com *paitrocínio*, sem nenhum apoio oficial, e as medalhas olímpicas foram fruto desse investimento. Chegou ao pódio desacreditado como a "surpresa" do esporte brasileiro. Mas, no esporte, e na natação mais especificamente, não há surpresas, há trabalho e Cesar é um trabalhador incansável da natação. E aí ele me fez lembrar outros ilustres atletas, alguns medalhistas e outros não, que imprimiram sua marca no esporte brasileiro e internacional, por viverem no limite.

Pois bem. Desde esse dia segui mais de perto os passos de Cesar, mesmo que a distância. Vi sua insatisfação de voltar aos Estados Unidos e já não ter mais o técnico australiano Brett Hawke como a pessoa que o instruía proximamente. Isso porque, depois dos Jogos Olímpicos de Pequim ele passou a ser *head coach*, e não mais o assistente que o acompanhava cotidianamente, e esse fato mudou drasticamente a cumplicidade que eles criaram e que o fez campeão. Poucos sabem sobre a experiência traumática que Cesar teve com um técnico no passado e que hoje dificulta muito sua comunicação com quem administra seus treinos. Vi seu esforço

A sombra que o brilho provoca

de voltar ao Brasil, montar seu próprio projeto e ainda assim continuar a treinar, treinar, treinar e a dizer que ele quer sim ganhar. Já faz algum tempo que esse discurso me chamou a atenção. Depois de entrevistar centenas de atletas olímpicos, de diferentes gerações, comecei a notar que há atletas que fazem o impossível (e vi casos que me pareceram verdadeiros milagres!) para chegar aos Jogos Olímpicos, mas que não são treinados ou preparados para estar lá e ser campeões. É como se ir aos Jogos, entrar na Vila Olímpica e ver seus ídolos de perto já fosse o prêmio maior. E há aqueles que focam na prova final e abdicam de tudo o mais: não participam do desfile de abertura, do agito da Vila e de tantas outras coisas porque estão lá para competir e ganhar. Alguns desses atletas me relataram isso meio que falando de lado e olhando para o chão como se fosse vergonhoso dizer que tinham sim o desejo de ganhar. Curiosamente a fama de alguns desses atletas é de arrogância, antipatia ou ganância.

Em nossas reuniões no grupo de estudos, há uns anos atrás, nos debruçando sobre a obra de Max Weber, buscando as pistas do espírito protestante (e capitalista) na organização do esporte contemporâneo e na produção de subjetividade do atleta. A partir daí não foi difícil entender que o esporte competitivo repete o modelo de qualquer sistema produtivo e que nos países onde isso se desenvolveu e se especializou ele é um espelho do sistema. Não vou aqui defender nem atacar essa posição. Farei isso em um outro momento. Entretanto, sendo psicóloga, busco na sociedade as pistas para tentar entender os atletas. Por isso nos últimos anos buscamos Gilberto Freyre e Sergio Buarque de Holanda para tentar decifrar também um pouco mais do Brasil e dos brasileiros.

Muito bem. Todas essas digressões foram necessárias para voltar à China e ao meu colega espanhol. Ao sintetizar essas ideias para Juan Carlos disse-lhe que os atletas brasileiros enfrentam, nesse momento, um dos maiores desafios da trajetória do esporte olímpico no país. Todos estão treinando muito, tendo ou não

63

recursos para isso, como já aconteceu com o próprio Cielo, mas o que ainda não se está fazendo é prepará-los para ser campeões. Evitarei citar Nelson Rodrigues para não cair no senso comum, mas já passou da hora de fazer os atletas brasileiros acreditarem que são mais que cachorros vira-latas. E há muitas maneiras de se fazer isso. Inevitável lembrar de Walter Carmona me dizendo o quanto ele tinha que repetir para si mesmo que ele podia entrar para a história do judô como o primeiro medalhista olímpico não *nissei* embora seu mestre fizesse questão de afirmar que isso não passava de ilusão, uma vez que os verdadeiros campeões sempre seriam os japoneses (Rubio, 2004).

Foi aí que Juan Carlos disparou. O mesmo ocorreu na Espanha e talvez um dos maiores legados dos Jogos Olímpicos de Barcelona foi fazer crer aos atletas espanhóis, e aos espanhóis de maneira geral, que seria possível ser campeões. E passados alguns anos, o que se viu foi uma profunda transformação não apenas na estrutura do esporte competitivo e não competitivo espanhol, mas, principalmente na "estrutura emocional" do esporte espanhol. E citou a seleção espanhola de futebol, campeã do mundo, o desenvolvimento do tênis tendo Nadal como um dos principais destaques e o interesse pela prática esportiva de maneira geral e pelo consumo do esporte como espetáculo, de maneira mais específica.

Por favor, não me venham dizer que isso está escrito em inúmeros livros de autoajuda. Que basta ler algumas páginas todas as noites e, como num passe de mágica, os objetivos serão alcançados, afinal, querer é poder. Falo de mudança de mentalidade, de um trabalho sistemático, realizado com o rigor e a metodologia que a Psicologia do Esporte, benfeita, faz tão bem. E aí sim, o discurso do Cesar não ficaria tão destacado, tão esquisito, para nós. Não sou ingênua o suficiente para acreditar que o caso Cielo tenha sido "apenas" um julgamento para decidir se ele tinha ou não tomado uma substância proibida. Claro que sou capaz de ver todos os interesses em jogo nesse julgamento, mas sou psicóloga e não juíza nem advogada.

E, talvez sensibilizada por ver de perto, ao longo desses últimos dias, a força que alguns chineses fazem para se distinguir da massa, manifestar seus próprios desejos, ideias e subjetividades é que olho para o caso Cielo, não como mais um, mas como A situação exemplar para se refletir sobre o que representa ser diferente da média. Ser competitivo, desejar se destacar dos demais, deixar sua marca com ética não é pecado, creiam. Assim como vi Fei, nossa guia voluntária pelas ruas de Pequim ontem e estudante de economia, falar entre dentes, sobre seus sonhos e desejo de ser cineasta, espero que Cesar e outros atletas possam manifestar seus desejos a plenos pulmões e, quem sabe, afirmar que sim, nós podemos. E nesse momento, a única frase que me vem à mente é a letra do Caetano: GENTE É PRA BRILHAR, NÃO PRA MORRER DE FOME.

Referência bibliográfica

RUBIO, K. *Heróis olímpicos brasileiros*. São Paulo: Zouk, 2004.

De migalhas a medalhas

Essa semana, uma vez mais compartilhei da companhia de duas pessoas muito especiais: Ricardo Vidal e Joaquim Cruz. Além de serem as cabeças e os corações do Instituto Joaquim Cruz são pessoas suficientemente inquietas que a todo encontro deixam os macaquinhos do meu sótão com insônia por semanas a fio.

Ricardo é uma daquelas pessoas que põe não apenas sua experiência na gestão do IJC, mas leva para lá também toda a vivência acumulada de anos de treinamentos nas pistas de atletismo e toda a emoção de ter vivido o cotidiano de treinos e competições com os melhores. Junto com Joaquim forma uma dupla rara.

Em um de nossos últimos encontros, Joaquim me deixou com uma questão que depois resultaria em um dos textos sobre o desejo da vitória postados no blog e hoje estão neste livro. Acho muito bom poder compartilhar questões tão polêmicas com pessoas que sei que são comprometidas com o que fazem, norteadas por princípios éticos e vinculadas a questões sociais maiores. Ambos encontram-se atualmente envolvidos com um projeto de formação de atletas competitivos, uma geração que será medalhista em 2020. Isso mesmo, a preocupação não é formar para 2016 (essa fila já andou), mas de fato olhar para o futuro. E se eu uso aqui o termo "formar para ser medalhista" é porque a perspectiva desse projeto é educar atletas competitivos para estarem entre os melhores do mundo, sem temor ou vergonha de assumir essa afirmação. Ao projeto, Joaquim empresta não apenas seu nome, mas suas experiências e trajetória de medalhista olímpico. E nunca é demais lembrar quem ele foi.

Campeão olímpico em 1984 e vice-campeão olímpico em 1988 na prova dos 800m, Joaquim, como tantos outros atletas, representa e sintetiza as mazelas do esporte brasileiro, seja por suas origens dentro do país, seja pelo reconhecimento internacional que alcançou a condição de atleta transcultural. Poderia ainda adicionar a importância que conquistou como técnico após a transição da carreira ou seu papel de ator social no desenvolvimento de políticas para o esporte no Brasil.

Filho de uma família que migrou do nordeste para o centro-oeste brasileiro, representa em um primeiro momento a saga de muitos brasileiros que partem de suas cidades natais para centros urbanos mais desenvolvidos em busca de oportunidades. Já na condição de atleta viveu um segundo movimento migratório quando foi aos EUA treinar e estudar, onde se casou, teve filhos, encerrou a carreira como atleta e se tornou técnico de atletas da seleção paraolímpica norte-americana. Ao mesmo tempo mantém um projeto social em sua cidade natal, Brasília, para dar a oportunidade da prática esportiva a crianças e jovens que têm hoje as mesmas condições sociais que ele no passado.

Embora vivendo nos Estados Unidos há quase vinte anos, Joaquim não perde o vínculo com o Brasil e o esporte brasileiro. Foi curioso observar ao longo desses dias de Troféu Brasil, na pista do Ibirapuera, como é sua relação com aqueles que transitam pela competição, sejam eles atletas, profissionais do esporte, imprensa ou público em geral. Sempre há tempo para atender a todos, tirar uma foto, ouvir uma história, dar uma instrução, acolher alguém que chora por ter perdido ou se machucado. Talvez esteja aí o segredo para, na condição de pós-atleta, manter o carisma que tinha quando ainda competia.

É essa história que habilita hoje Joaquim a sonhar e realizar um projeto que possa multiplicar sua trajetória. Além de o Instituto Joaquim Cruz oportunizar a prática do atletismo a centenas de crianças no contraturno da escola com o objetivo de serem cidadãs, agora o Instituto também pensa nos habilidosos, nos talentosos, como o próprio Joaquim foi. E, diante da falta de equipamentos públicos e de incentivo surge uma oportunidade verdadeira de

De migalhas a medalhas

trabalho sério e competente para quem tiver desejo e habilidade para ser corredor de provas de meio fundo e fundo.

O que vejo de inovador e interessante nesse projeto não é apenas a estrutura material, óbvio, necessária para sua execução, mas a proposta que nasce com ele que é afirmar desde o primeiro instante que se está investindo em se formar atletas competitivos, campeões.

Sim, isso mesmo. Ninguém ali tem vergonha de dizer que se deseja investir para se ter campeões, que é tempo de transformar as migalhas em medalhas. Não há nesse trocadilho qualquer intenção hipócrita ou demagógica, afinal, os avalistas desse projeto estão para além dessas querelas. Estamos aqui a falar de pessoas que tiveram uma vida dedicada ao trabalho esportivo e que enfrentam de forma corajosa as contradições do esporte competitivo, sem negá-lo, amaldiçoá-lo, demonizá-lo, sem se deixar conduzir pelos atalhos das luzes dos holofotes, nem se seduzir pelos fáceis dividendos que os projetos chapa branca trazem para alguns. Claro que muitos desses projetos transformam-se depois em projéteis desferidos contra o próprio peito.

Vejo nessa proposta uma voz a mais no coro daqueles que dizem em alto e bom som e de cabeça erguida que desejam vencer. Seria esse o prenúncio de novos tempos para o esporte e a sociedade brasileira?

Quero crer que sim. Vejo que se aproxima a superação de um modelo que se identifica com os pobres, feios, sujos e malvados, não por aquilo que eles são de fato, mas porque está aí a pronta desculpa para o que não deu certo, para o que faltou, sacramentando a máxima de que nascemos para perder. Já é mais do que tempo de virarmos essa página. E que os Joaquins, Joãos, Adhemares, Edsons, Jacquelines, Paulas, Nelsons, Anas, Gilsons, Silvinas, Carmens, Esmeraldas, Magnólias, Hudsons, Isabéis, Adrianas, Fernandas, Claudias, Pipokas do atletismo, do vôlei, do basquete, do iatismo,

Psicologia, Esporte e Valores Olímpicos

do tênis, do tiro, do handebol e de todas as modalidades possam falar com o mesmo orgulho, com a mesma intensidade e destemor sobre seus desejos e sonhos. Vejo que muitos já concretizam esse anseio em sua prática profissional e nos projetos pessoais envolvendo formação e treinamento. Que a hora seja essa. E que a coragem necessária nos momentos de justificativa da derrota seja usada para, de cabeça erguida, explicar a vitória e seus desdobramentos.

Entre professores, mestres, técnicos e pais

Ouço com frequência a importância que técnicos e professores exerceram sobre a vida de grandes atletas brasileiros. Essa influência não é recente e muita gente já escreveu, teorizou e analisou-a em diferentes países e sistemas esportivos. Mas essa condição não é prerrogativa do esporte, afinal a relação mestre-discípulo, além de milenar, é também mitológica.

De todos os mitos que se relacionam com mestres o que mais me agrada é o do Centauro Quíron. Só para ilustrar vai daqui um resumo de sua trajetória. Do grego Χείρων quer dizer mão ou "o que trabalha, o que age com as mãos", cirurgião. Vale ressaltar que o Centauro Quíron foi também um grande médico, que sabia compreender seus pacientes, por ser um médico ferido.

Há duas versões para a concepção de Quíron. Uma dela diz que Cronos amava a oceânida Fílira, mas temendo a cólera de sua esposa Reia, uniu-se àquela sob a forma de cavalo. Outra versão nos diz que, envergonhada, Fílira se metamorfoseou em égua, o que não impediu que Crono-cavalo a possuísse. Qualquer das duas versões explica a forma do Centauro Quíron, metade homem, metade cavalo.

De toda forma, Quíron pertence à mesma família divina que Zeus e os demais deuses olímpicos. Era imortal e nenhuma relação de parentesco possuía com os selvagens e violentos Centauros. Vivia em uma gruta do monte Pélion em companhia da mãe, que o ajudou na difícil tarefa de educador dos grandes heróis, como Asclépio, Peleu, Aquiles, Jasão e muitos outros. Pacífico, prudente e sábio, transmitia a seus discípulos conhecimentos relativos à música, à arte da guerra e da caça, à ética e à medicina. O mais justo dos Centauros foi, porém, vítima de uma fatalidade. Durante a perseguição de Hércules ao Centauro Élato, que se escondeu dentro da gruta de Quíron, a flecha mortalmente envenenada que matou Élato atingiu acidentalmente Quíron. E, nem todos os seus conhecimentos sobre a arte de curar foram suficientes para fechar sua ferida, tão eterna quanto sua própria imortalidade. Foi, porém, o suplício do mortal Prometeu, agrilhoado ao Cáucaso por ter desafiado os deuses compartilhando a chama sagrada com seus iguais, que pôs fim às dores de Quíron, que cedeu a este sua mortalidade, dando-lhe o direito de descansar. Conta-se que Quíron subiu ao céu sob a forma da constelação de sagitário, uma vez que flecha (aquela que o atingiu), em latim *sagitta*, a que se assemelha o sagitário, estabelece a síntese dinâmica do homem, voando através do conhecimento para a transformação, de ser animal em ser espiritual (Brandão, 1999; 1991).

Por que falar sobre Quíron no dia de hoje? Porque se convencionou adotar o segundo domingo de agosto (no Brasil) como o dia dos pais. Se avançarmos sobre o arquétipo do pai, conforme apontou Jung será possível observar que ele representa mais do que um sujeito que tem filhos, ainda mais nas famílias modernas onde somos pais de nossos próprios e daqueles que se nos aproximam de maneira indireta. A figura paterna é aquela responsável pelo desenvolvimento da consciência e do raciocínio lógico.

Falo aqui da paternidade de forma um pouco mais abrangente, talvez naquela que Antoine de Saint-Exupéry imortalizou na célebre frase "tu és eternamente responsável por aquilo que cativas". É a esses pais, professores, técnicos e mestres a quem me refiro, àqueles eternamente responsáveis por aquilo que formaram, realizaram, cultivaram, e que cedo ou tarde, perto ou longe são lembrados por terem feito a diferença, por alterarem a trajetória de uma vida ou carreira e que acabaram imortalizados por seus conhecimentos e feitos. Não falo apenas dos mestres dos heróis, tão facilmente identificáveis por suas realizações, mas falo dos heróis que somos todos nós desde o momento em que nascemos, como

Entre professores, mestres, técnicos e pais

lembra Joseph Campbell em O herói das mil faces, pelo simples fato de termos nascido.

É a esses mestres formadores que hoje dedico meu texto.

Vejo claramente na narrativa de atletas bem formados a consciência do papel que alguns técnicos-mestres exerceram sobre suas vidas e carreiras. São aqueles lembrados por terem se preocupado não apenas em formar campeões ou medalhistas, mas por saberem que o futuro estaria para além de uma carreira tão intensa e tão efêmera. E diante disso buscaram fazer desses atletas seres humanos maiores, plenos de habilidades e projetos, prontos a desempenharem seus papéis de heróis.

Muitos deles lembram Quíron, não pela habilidade em curar ou ensinar, mas por terem sido feridos e buscarem na cura dos outros o alento para suas próprias dores. Não de forma egoísta, como poderia se supor, mas de forma altruísta, orgulhoso de seu dever, porque o sábio é capaz de se realizar no sucesso alheio. Ao mesmo tempo que zeloso de sua função leva o discípulo a buscar o melhor de si, não apenas com o treinamento para a tarefa, mas na reflexão sobre ela e seus desdobramentos. No enfrentamento das tantas adversidades, manifestas como pura limitação ou como incapacidade a ser superada.

Que difícil essa tarefa de ensinar, exigir, limitar e amar. E quanto tempo isso nos custa para aprender. Como seria bom poder voltar no tempo para dizer… "eu entendo porque é que você está me dizendo ou fazendo isso", mas a arrogância da juventude nos faz crer que os limites impostos ou as chamadas à reflexão são caprichos tolos. A medida que se cresce e que os desafios se impõem é possível observar que o mestre vai se internalizando, que passamos a tomar nossas próprias decisões – com base na sabedoria adquirida daquele que nos cuidou – e passado o tempo começamos também a cuidar, e com um pouco de habilidade e muita sabedoria saímos da condição de discípulo para a de mestre.

Nesse dia dos pais fica manifesto meu desejo de que mais técnicos e professores possam passar à condição de mestres, para que cada vez mais atletas tenham na experiência com o esporte a oportunidade de se realizarem como seres plenos. Que no desempenho desse papel social descubram que seu fazer profissional é muito mais humano do que técnico. Que sua experiência na condução de figuras tão expressivas possa se multiplicar como exemplo de dedicação, seja para a cura de suas próprias feridas ou não.

Referências bibliográficas

BRANDÃO, J. S. *Mitologia Grega.* Petrópolis: Vozes, 1999.

BRANDÃO, J. S. *Dicionário de mitologia Grega.* Petrópolis: Vozes, 1991.

O dia em que encontrei Nicolelis

Curiosa essa situação de você se deparar com pessoas que pensam serem suas referências bibliográficas, teóricas, ideológicas, ou simplesmente humana. Semana passada fui convidada pelo pessoal da ESPN Brasil a participar do programa Bola da Vez, uma espécie de Roda Viva do esporte, tanto por seu cenário como pela proposta de ter um convidado a ser entrevistado por vários entrevistadores. Para quem já passou por essa experiência é uma espécie de banca de defesa de tese! Nesse caso a banca é composta por nobres e doutos senhores do saber, que do alto de sua sapiência argui um neófito, postulante ao título de bacharel (sendo esse um graduando), ou ainda de mestre, doutor, livre-docente ou ainda titular. O que chama a atenção nesse caso é que o entrevistado era o célebre neurocientista Miguel Nicolelis.

Há tempos sigo a trajetória de Miguel Nicolelis, mais precisamente desde o dia em que vi uma entrevista onde ele falava alguma coisa a respeito do orgulho que sentia de seu país e do desejo de fazer sua terra dar certo. Esse discurso, óbvio, me agrada muito, mas o que mais me chamou a atenção foi o fato dele ser um cientista das chamadas *hard sciences* e, na atualidade, isso significa distanciamento dessas discussões demasiadamente humanas, como diria Nietzsche. Achei interessante que uma pessoa com o peso que ele conquistou no cenário acadêmico internacional pudesse pautar sua produção e carreira não apenas na publicação desenfreada para satisfazer aos ditames das universidades e agências de fomento que instituíram o sistema vale quanto pesa, mas por entender a dimensão social que seu trabalho poderia alcançar em um país com tantas necessidades básicas como o nosso.

Tudo isso parecia irreal até conhecê-lo pessoalmente. Não vou aqui construir perfil psicológico de ninguém, ainda mais dele. Pessoa calma, comedida, quase introvertida eu diria, Miguel chegou ao estúdio e começou a conversar sobre coisas do cotidiano, como o frio que fazia na cidade naquele dia, sobre o jogo de seu time, o Palmeiras, contra o São Paulo no dia anterior, proporcionando uma certa aproximação para nosso debate que se seguiria na sequência. Diferentemente de uma banca de defesa, não li o texto previamente, nem preparei a arguição, ritual indispensável a essas situações. No melhor estilo "let it be" deixei rolar na expectativa de que pudéssemos abordar mais do que questões relacionadas à neurociência. Não que as próteses cerebrais idealizadas por ele não me interessem. Isso para mim leva todo jeito de filme de ficção científica ou os videogames e mangás do Toshi, principalmente quando o cientista intenciona fazer um paraplégico ou um tetraplégico andar, ou melhor, darem o pontapé inicial da Copa do Mundo de futebol do Brasil em 2014! Que espetáculo!

Embora espetacular, o que de fato inebria, e só fui me dar conta disso após ver o programa no ar, são as articulações possíveis dessa produção científica de ponta com o Brasil. Tenho falado e escrito sobre isso nos últimos tempos com tanta frequência que até eu mesma começo a me achar chata, mas não aguento mais ver tantos colegas se curvarem ao que se faz fora daqui como sendo a única possibilidade de produção inteligente ou passível de ser designada de verdadeiramente científica.

Já quiseram me tomar como piegas e como tola por eu ter orgulho de ser brasileira e falar isso aqui ou fora. Um sujeito que me conhecia pouco disse que eu era nacionalista, e que isso podia ser usado contra mim, afinal essa marca também tinham os nazistas e defensores de outros regimes totalitários... quanta tolice. Recordo uma situação passada na mercearia ao lado de meu apartamento em Barcelona durante o pós-doutorado, quando uma catalã, ao saber de minha ascendência espanhola, me inquiriu sobre meu desejo de pedir cidadania. Em seu discurso improvisado, e certamente tomada pela onda xenofóbica que já assolava a Europa, terminou sua fala batendo o calcanhar como se estivesse dançando flamenco e vaticinou: yo soy catalã, catalã, catalã. E antes que outros republicanos pudessem tomar aquilo como um entrevero sério lancei mão do melhor estilo do romantismo brasileiro na obra de Olavo Bilac que me ocorreu (Ama com fé e orgulho a terra em que nasceste. Criança, não verás nenhum país como este!) e despejei sobre ela o que faz do brasil, Brasil (obrigada Roberto da Matta) apontando tudo o que há de tão desejado nesse nosso pedaço de terra tomado dos índios pelo portugueses e colonizado por tantos. E para por fim àquilo que poderia ser o desencadeador de uma nova desavença internacional respondi em estilo sevilhano, armando-me de castanholas, e respondi: e eu sou brasileira, brasileira, brasileira.

Não vou entrar na discussão sobre quanto o nacionalismo e nossos símbolos nacionais foram usados por dirigentes e governantes inescrupulosos ao longo da história do Brasil. Isso levou a um distanciamento da bandeira, do hino, dos brasões etc. com receio de sermos taxados de direitistas ou coisa assim. Pois é. Nem combinação de verde com amarelo, que cai tão bem, era vista com bons olhos. Mas, os anos passaram, os tempos mudaram e os governantes também. E então, o Brasil e tudo o que é feito aqui, passou a gerar curiosidade do mundo e dos produtores de conhecimento, mas ainda eram poucos os que eu conhecia que de fato faziam isso naturalmente. Um deles foi o Ayrton Senna, mas ele era piloto. Vi também Joaquim Cruz, que sempre que pode fala disso com todas as letras. E agora vi e confirmei que Miguel Nicolelis, um dos vinte maiores cientistas contemporâneos também o faz. E não como estratégia de marketing, mas porque de fato acredita nessa nossa rapaziada (não foi à toa que ele escolheu Gonzaguinha para fechar o programa).

Precisei de quase uma semana para escrever esse texto porque sentia que era preciso esperar decantar todas essas sensações vividas no momento em que gravamos o programa. Durante esses dias pensei como seria bom encontrar colegas não apenas competentes, mas também apaixonados por essa gente toda que segue em

Psicologia, Esporte e Valores Olímpicos

frente e segura o rojão. Como seria bom se pudéssemos trabalhar no sentido de aumentar a segurança de nossos alunos, atletas e profissionais que saem pelo mundo ainda temendo que os outros (seja lá quem for essa entidade!) sejam melhores, simplesmente porque não têm o português como idioma materno. Como eu gostaria de fazê-los acreditar que o mundo de fato nos olha com curiosidade, e não aquela curiosidade de um visitante que passeia pelo zoológico e observa as jaulas ou do explorador que quer para si as preciosidades que encontra numa terra que não é sua, mas com o desejo latente de ter e fazer as coisas que temos e fazemos com paixão e criatividade.

Por isso Nicolelis me emocionou. Ele vai à luta com essa juventude e não foge da raia a troco de nada. Que bom pensar que temos sim perspectiva para o futuro e que há quem construa a manhã desejada.

Play the Game 2011

Como é bom poder sair do cotidiano e ouvir coisas novas que têm o poder de inspirar. Parece que não, mas o cotidiano e os muitos afazeres diários não deixam sobrar tempo para se pensar coisas diferentes.

Estou em Colônia, na Alemanha, participando do Congresso de um movimento denominado Play the Game. É movimento porque não pode ser chamado de associação, sociedade ou coisa assim. Tem como objetivo fortalecer o fundamento ético do esporte e promover a transparência, a democracia e a liberdade de expressão no esporte e está ligado ao Instituto Dinamarquês para Estudos Esportivos, uma instituição independente criada pelo Ministério da Cultura dinamarquês, cuja tarefa é criar uma visão geral e oferecer proposições para o campo do esporte nacional e internacional. Para quem tiver curiosidade vai daqui o endereço www.playthegame.org.

Pois bem. Mais do que falar sobre todas as pessoas que estão aqui (pessoas de dentro e de fora das instituições esportivas) gostaria de me deter no que costumamos chamar de postura. Há aqui vários professores, pesquisadores, ex-atletas olímpicos e jornalistas dos cinco continentes acostumados a lidar com temas sociais controversos ou complexos que estão incluídos no universo esportivo. Infelizmente no programa só há 3 brasileiros, embora muito se fale sobre a Copa do Mundo de 2014 e os Jogos Olímpicos de 2016. O que me surpreendeu nesse primeiro dia de trabalho foi a presença de vários governantes do chamado primeiro escalão como o ministro do Parlamento Europeu e da Alemanha, presidentes de instituições esportivas, incluindo o Comitê Olímpico Internacional, UEFA e FIFA.

Melhor eu me explicar. Essas pessoas não vieram até aqui para participar de uma cerimônia de abertura, tirar fotos, falar as coisas que se costuma dizer em cerimônias de abertura e depois ir embora. Esses dirigentes estão aqui para participar de um debate sério e maduro sobre temas como corrupção, *doping*, inclusão, gênero, violência etc. para além de um discurso oficial que estamos tão acostumados a ouvir no Brasil. Na condição de organizadora de eventos de caráter nacional ou internacional vejo com que desprezo os convites são tratados por dirigentes que optam por não respondê--los, ou enviar, quase sempre de última hora, uma desculpa qualquer indicando pessoas do terceiro ou quarto escalão, em um jogo de faz-de-conta-de-que-temos-apreço-pelo-que-está-sendo-feito.

Vejo aqui uma disposição verdadeira de se enfrentar questões polêmicas e controversas sobre o futebol e o esporte olímpico de maneira geral, de forma madura como se espera que fenômenos dessa ordem mereçam. Vejo também que assuntos delicados como a pobreza ou as questões relacionadas com a Primavera Árabe também circulam por aqui, sem que para isso se fale de lado ou se cerre a boca com o receio de que cause constrangimento a alguém. Aí está a questão da postura.

Penso que esse é um desafio que temos que enfrentar para melhorar o nível das discussões que temos no Brasil. Observo com desapontamento que nossos congressos são encontros de pessoas conhecidas que têm receio de se enfrentar, como se a discordância no plano das ideias pudesse representar uma "briga". Poucos entendem o quanto é importante apontar as dúvidas que uma afirmação contém para que o conceito se desenvolva e aí deveria residir a razão de ser dos nossos congressos.

Ontem participei de uma discussão a respeito do controle de *doping* e, na sequência, um dirigente trouxe a público uma polêmica envolvendo o voleibol. Estavam na mesa para debater o tema uma pessoa do COI e outra da UEFA. E de forma polida, mas firme, ambos apresentaram seus argumentos, contra-argumentos, sem haver, necessariamente, consenso no final. Porém, para nós do público que ouvimos a discussão foi um momento pedagógico, informativo. Fiquei com a disposição de buscar mais informações a respeito, inclusive porque fiz relação com algumas histórias contadas pelos atletas brasileiros dessa modalidade.

Hoje assisti a uma situação no mínimo curiosa para os nossos padrões. Um pesquisador da Dinamarca acabou de apresentar seu trabalho, denominado "Anatomia dos Escândalos", com uma metodologia bastante interessante de como avaliar um episódio polêmico no esporte. Aberto o debate, várias pessoas fizeram comentários e alguns elogios até que uma pessoa da plateia se apresentou e iniciou sua intervenção dizendo: "discordo absolutamente do que você apresentou. Sua metodologia é frágil e seus resultados não se sustentam". Precisou de alguns minutos para apresentar seu ponto de vista até que o pesquisador, de forma sóbria e elegante, defendesse seu trabalho, sendo ainda mais valorizado pelo público que assistia ao debate.

Transparência é a palavra da vez aqui em Colônia. Há um entendimento da importância que o esporte tem para a sociedade contemporânea e a necessidade de mecanismos de controle sobre uma atividade que tem tantos envolvidos e desdobramentos. Não seria razoável da minha parte dizer que aqui se faz melhor as coisas que no Brasil. Estou entre pessoas originárias de países com culturas muito distintas da nossa e que, cada um com seu processo, construiu uma história de participação nos rumos de suas sociedades com maior ou menor grau de envolvimento, empenho ou violência. O fato é, aqui discute-se os rumos que devem tomar, por exemplo, os recursos públicos, como o controle da loteria e a sua aplicação. O que encanta nessa situação é que não é necessária a realização de um grande evento para que essas discussões sejam desencadeadas. A importância do esporte é inquestionável tanto quanto a crise econômica internacional, o combate à fome ou a cura do câncer. A razão de sua existência já é motivo suficiente para que se discutam os rumos que ele toma.

Como já afirmei em outras oportunidades, sou uma otimista inveterada em relação ao Brasil e ao que estamos fazendo. Falo

Psicologia, Esporte e Valores Olímpicos

de nosso processo de desenvolvimento, do momento privilegiado que vivemos e tento interpretar nossas mazelas considerando nosso contexto cultural para que não seja interpretada precipitadamente como "coisa de tupiniquins". Vejo como somos criativos e esperançosos. Quando mostro as soluções criativas que encontramos para problemas novos ou velhos sinto a admiração de muitos e uma dose de inveja em outros. Hoje falava com uma pessoa da Bélgica sobre o papel das empresas brasileiras no financiamento de projetos relacionados com o esporte, que desejam um esporte "diferente", ele pensou um pouco e respondeu: essa pode ser uma saída. E na sequência arrematou: você poderia me dar mais informações sobre isso?

De fato não somos melhores, nem piores, apenas diferentes. Confio e acredito que essa forma de ser e estar no mundo pode fazer a diferença nesse momento atual. E para quem acreditou que o Brasil seria o país do futuro... pois bem, o futuro já é agora.

As aventuras de uma pesquisadora olímpica

Por muito tempo a representação social que se tem de ciência me fez crer que ser pesquisadora fosse ficar dentro de laboratórios, manipulando tubos de ensaio, usando microscópios e descobrindo coisas que apenas seres iluminados são capazes de reconhecer e encontrar. Foram necessários muitos anos, e bons professores, para eu conhecer a pesquisa social e saber que se pode construir conhecimento de maneira bastante distinta dessa. Nessa forma de se fazer pesquisa não existe, de imediato, um distanciamento entre aquilo que procuro e eu mesma. Isso parece meio esquisito, principalmente depois de passarmos tanto tempo ouvindo a máxima de que ciência se produz se mantivermos distância pessoal daquilo que se pesquisa. Mas, com o passar do tempo é possível observar que é justamente a proximidade com nosso objeto de pesquisa que nos proporciona a humanização da ciência. Fantástico saber que, mais do que uma teoria, é exatamente essa proximidade que nos move quando estamos "no campo". Por que não dizer que humanização envolve paixão, isso mesmo, emoção, afetividade. E à medida que o tempo passa também descubro que os melhores textos que leio são aqueles em que os autores são realmente enamorados do que fazem.

Não bastasse isso na pesquisa social, somos ainda obrigados a exercitar uma certa porção detetivesca, além de termos que desenvolver a certeza de que certo é a incerteza de não sabermos ao certo o que encontraremos quando estivermos diante daquilo que queremos observar. Vou tentar ser mais explícita. Trabalhar com histórias de vida, por exemplo, significa estar sempre pronta a ouvir algo novo, inesperado e que, mesmo não previsto nas minhas perguntas iniciais, ali pode estar a deixa para uma ótima nova pesquisa. Como cantou a Marina Lima, "dentro de cada um, tem mais mistérios do que pensa o outro..."

Embora já trabalhe com histórias de vida há mais de 13 anos, essa forma de fazer pesquisa continua a me encantar pela arte do encontro. O não saber e o inusitado são meus companheiros tão constantes quanto alguns membros do grupo de estudo. Isso quer dizer que a cada entrevista o encontro com algo inesperado pode acontecer, seja na forma da abordagem do sujeito ou mesmo nas memórias que são relatadas. Assim como são aqueles que se aproximam desejando participar das reuniões de trabalho seja, ou não, para depois fazer mestrado ou doutorado. Já perdi a conta de quantos vieram e se foram, mas, assim como os sujeitos da pesquisa, cada um com seu estilo, à sua maneira, deixou uma contribuição, sendo difícil precisar de quem exatamente foi cada ideia. Por isso não canso de repetir... escrevam! As palavras que só são ditas são como o ar que respiramos: tão necessárias, mas se perdem na próxima inspiração.

Algumas entrevistas são verdadeiros prêmios, seja pela dificuldade em consegui-las, pelo teor de seu conteúdo, pela trajetória singular do narrador, pelo estilo da narração ou ainda pela possibilidade de me fazer pensar em algo que eu ainda não tinha visto em qualquer outra entrevista. Depois do texto pronto, apenas quem acompanhou a pesquisa tem ideia do que é o *making off* de um projeto que envolve mais de um milhar de pessoas.

Meu atual projeto de pesquisa compreende todos os atletas brasileiros que foram aos Jogos Olímpicos desde a primeira participação brasileira, ou seja, 1920. De fato ele acumula experiência e dados de outros projetos e remonta dez anos de trabalho contínuo. Não há limites para se chegar a algum atleta que em qualquer modalidade tenha realizado essa façanha. E assim, graças à Fapesp, ao CNPq e à Universidade de São Paulo, eu cruzei o Brasil de ponta a ponta. Já entrevistei centenas de atletas de diferentes gerações

As aventuras de uma pesquisadora olímpica

olímpicas que somam centenas de horas de memórias emocionadas registradas em vídeo, inclusive de alguns atletas que já morreram.

E quanto mais histórias eu ouço, mais eu entendo as mazelas do esporte olímpico brasileiro em suas diferentes modalidades. Seja do ponto de vista da formação da identidade, da transição de carreira, das políticas públicas, da dor, do caráter das instituições, dos dirigentes, das forças que gravitam em torno do cenário e do circo que se monta a cada período de treinos, concentração ou competição. Entendo mais do que nunca o que é ser atleta olímpico no Brasil, no presente e o que foi no passado porque os atletas me contam sobre suas conquistas. Além disso, contam também as desventuras do que é querer ser o melhor, mas sem ter as mesmas condições que os melhores têm e, de repente, encontrar as forças ou bases para poder se surpreender e aos outros também.

Escrevo esse texto em Valkenswaard, na Holanda, após duas ótimas entrevistas: Bernardo Alves e Rodrigo Pessoa. Eles estão por aqui concentrados para os Jogos Pan-americanos de Guadalajara e eu aproveitei um congresso na Alemanha para vir até eles. Persigo o Rodrigo desde 2004. Uso o termo perseguir porque ele é um dos exemplos de que não bastam todos os recursos materiais para se fazer uma boa pesquisa social. É preciso persistência, paciência e, às vezes, um pouco de sorte. Não dimensionei as viagens internacionais da minha pesquisa na previsão de custos porque não sabia ao certo quantos seriam os atletas que morariam fora do país, mas ao longo dos últimos vinte meses descobri que esse número é superior ao que imaginava. A sistemática adotada então foi cercá-los (sempre que possível) quando eles visitavam o Brasil ou, como dessa vez, fazer uma busca apurada aproveitando uma viagem marcada por outro motivo. Pois bem. Alguns chamam isso de maximizar custos. Eu diria que é mais um desafio ao pesquisador: aprender a fazer previsões orçamentárias para o projeto não acabar antes de ficar pronto por falta de verba. E como projeto não é como obra para a Copa... se o dinheiro acabar, não há o que fazer. E não adianta

Psicologia, Esporte e Valores Olímpicos

deixar para o final porque licitação, em nosso caso, só funciona para compras acima de 8 mil reais. O crime não compensa, definitivamente. Ou seja, se não viesse para esse congresso teria perdido mais uma oportunidade de conseguir a entrevista com o Rodrigo, e também com o Bernardo, que atualmente mora na Bélgica. São as sortes do caminho.

Chegar a Valkenswaard foi uma aventura possível graças ao convite dos organizadores da Conferência Play the Game, que ocorreu em Colônia, na Alemanha, e a hospitalidade infinita de Maggy e Roland Renson, que me hospedaram em Leuven, na Bélgica, e junto comigo esperaram pacientemente os dias passarem com a resposta de onde seria a concentração da equipe de hipismo para que eu pudesse fazer as entrevistas. O outono é minha estação do ano preferida no Brasil, mas estar esses dias em Leuven observando o avermelhar das árvores, o amarelar da grama, os cogumelos brotarem no quintal e a temperatura cair foi mais do que recompensador. Foi um dos momentos de prazer que a pesquisa reserva.

Lembrei muito nesses dias da minha querida Ana Mesquita, que por duas vezes atravessou o Canal da Mancha e na segunda bateu o recorde da travessia, recorde esse mantido até hoje. No seu livro "A Travessura do Canal da Mancha" ela conta da ansiedade que era passar cada dia esperando pela melhor maré, pelas condições do tempo mais adequadas, e que sem essa paciência todo o projeto podia ser perdido. Não bastava apenas sua tenacidade hercúlea para cumprir uma tarefa digna de uma heroína... era preciso uma paciência odisseica para não se perder no canto de uma sereia ou num debate ingênuo com um ciclope. Vento, maré, condições pessoais e desejo institucional precisavam estar perfeitamente casados para que tanto esforço não se perdesse.

Claro que me lembrei muito também dos alpinistas que vão ao Aconcágua ou ao Everest em busca do cume. Quantos meses são gastos para que a expedição possa ocorrer, quantos detalhes são necessários do ponto de vista logístico e operacional para que

As aventuras de uma pesquisadora olímpica

a montanha possa ser conquistada. E como dizem os alpinistas: a montanha tem a sua própria vontade e cabe ao alpinista respeitá-la e aproveitar quando seus humores permitem a escalada. Dessa vez tive sorte: vim, esperei, entrevistei. Mas, há também muitas viagens que são realizadas que nos deixam um gosto amargo de tempo perdido, seja pela ausência do entrevistado, pelo imprevisto que faz um atraso se tornar ausência ou a ainda a falta de entendimento do que a pesquisa se propõe.

Volto para casa com a sensação de alma cheia. A conferência foi uma oportunidade rara de encontrar pessoas interessantes, de pensar em projetos futuros e organizar coisas no Brasil. E as entrevistas... bem, essas poderão ser lidas na terceira edição dos Heróis Olímpicos Brasileiros e na Enciclopédia Olímpica Brasileira prevista para 2015. Aguardem.

Referência bibliográfica

MESQUITA, A. *A travessura do Canal da Mancha*. São Paulo: Grua, 2009.

O monopólio da janela de vidro

Acho que estou ficando velha.

Sinto essa sensação com muita intensidade quando estudo história com meu filho ou enteados e o tema da lição é algum episódio que vivi e presenciei não apenas como espectadora, mas na condição de protagonista revivendo todas as emoções detonadas por eles. Espectadora, na condição de quem assiste a um espetáculo e não de expectadora, aquela que tem expectativa.

Foi assim na Copa de 70. Lembro da vizinhança toda em nossa casa assistindo a final Brasil x Itália. Meu pai trabalhava na AEG Telefunken, uma das únicas fábricas de TVs no país, e por isso tivemos a oportunidade de ter a primeira TV em cores da rua. Era um caixotão que ocupava meia sala por conta de seu "tubo" que a fazia o aparelho ter 50x50x50 cm. Impensável um equipamento daqueles nas casas contemporâneas nas quais as TVs estão estampadas na parede como se fosse um quadro ou mais uma janela. Seo Paulo, um de nossos vizinhos que adorava fazer molecagens, preparou sacos e sacos de jornal picado para comemorar os gols que ele tinha certeza de que aconteceriam. Lembro dele comemorando com um motorista de ônibus que passou em frente de nossa casa bem na hora de um dos gols e do dia seguinte, quando chegamos na escola: naquele dia não tivemos aula, condição reservada aos dias de feriado nacional, estadual ou municipal. Embora em casa discutíssemos política intensamente, naqueles meus 8 anos de vida, eu não era capaz de fazer qualquer análise sobre o uso daquele evento para encobrir toda a barbaridade que a ditadura militar fazia então.

Mais curioso ainda é ver essa galerinha estudar sobre a Campanha das Diretas Já, essa sim presenciada de forma intensa na minha maioridade. Desde que fui fazer cursinho na Poli, ainda no Bom Retiro, participei ativamente do movimento estudantil,

Psicologia, Esporte e Valores Olímpicos

da reorganização da UMES e da UBES, dos primeiros congressos da UNE pós-ditadura, das passeatas pela Anistia, e óbvio, daquela manifestação inesquecível na Praça da Sé, quando trezentas mil pessoas se reuniram para mudar o país e a história de nossos meios de comunicação. Já naquela época a Rede Globo era a senhora toda-poderosa da audiência nacional e não dava qualquer notícia sobre esse tipo de evento na cidade. E olhe que não foram poucos. Até chegar o comício dos trezentos mil, ocupamos a Praça da Sé várias vezes com a presença de muita gente ilustre e milhares de militantes de diferentes formações políticas. E a Globo, nada. Mas, naquele dia 25 de janeiro de 1984 foi diferente. Saí do metrô com muito esforço porque não havia um lugar disponível para ficar. Tudo estava tomado. E claro, todas as emissoras de TV estavam lá. Não era possível negar mais. E, de forma cínica, naquela noite uma nota no Jornal Nacional noticiava o comício que levaria às eleições diretas depois de mais de vinte anos de ditadura.

Nesse período eu já tinha me formado em jornalismo e tinha noção do que representava o monopólio da comunicação e a força que algumas emissoras começavam a ter sobre os eventos esportivos. Anos depois, lendo obras como Os senhores dos anéis, de Vyv Simson e Andrew Jennings (1998), e Invasão de campo, de Barbara Smit (2007) é que pude ter a dimensão exata do que ocorria. Lembro, por exemplo, na Copa de 1982, quando a Globo tinha a exclusividade de transmissão do mundial, de pessoas como Silvio Luís, na Band, narrar os jogos do Brasil pelo rádio como se fosse para TV. E nós, espectadores avisados, assistíamos a imagem da Globo e ouvíamos a voz do Silvio Luís, que fazia questão de tripudiar da situação fazendo graça com tudo aquilo. Era mais do que uma forma de burlar os narradores chatos e tediosos. Era uma forma de manifestar descontentamento à falta de opção. E foi dessa forma que vimos os pênaltis perdidos e a desclassificação daquela seleção de Telê Santana que contava ainda com nada menos que Sócrates, Toninho Cerezzo, Zico, Falcão e Edinho.

O monopólio da janela de vidro

Parece que nos conformamos desde aqueles tempos a ver Jogos Olímpicos e Copa do Mundo, assim como a Fórmula 1 na fase áurea de Senna, Piquet e Fittipaldi, como uma exclusividade da Globo. Pior ainda é que endossamos o argumento de que eles "acumularam conhecimento e tecnologia" para fazerem transmissões exemplares... como as novelas. Incrível nossa capacidade de acomodação e negociação cordial.

Pois bem. Pouco tempo atrás, para surpresa de todos nós, a Record ganhou o direito de transmissão dos Jogos Pan-americanos e Jogos Olímpicos de 2012. Observei no início como a Record se aproximou de alguns jornalistas competentes e experientes no ramo para compor a equipe para esse desafio olímpico, no sentido estrito da palavra. Senti um calafrio ao pensar no que o monopólio incompetente (se é que existe inteligência no monopólio) poderia causar à transmissão de eventos tão complexos como o Pan e os Jogos Olímpicos.

Não é preciso ser da área para saber que não existe informação sem linha editorial. Aquilo tudo que assistimos e ouvimos tem uma direção que é dada por quem está no "controle da nave mãe". Diretas Já ou Jogos Olímpicos, tanto faz, quem faz a pauta sabe bem o que quer que se informe a respeito do fato transmitido. E já na fase anterior ao Pan, pude pressentir que teríamos que lidar com um tipo de transmissão pobre em informação, precária em análise e sofrível no conteúdo. Não bastava colocar o Álvaro José com toda sua experiência em eventos esportivos como o timoneiro dessa empreitada, nem levar atletas consagrados em suas modalidades para fazer os comentários das competições. O problema é a linha editorial.

Quem é da educação sabe o que significa capacitação. Em parte isso quer dizer que o conhecimento não se adquire de forma natural, espontânea. Que um bom profissional, em qualquer área de atuação, precisa ser preparado para seu ofício. E, em comunicação, isso quer dizer saber fechar a boca para não falar bobagem.

As besteiras que produzimos em rodas de amigos, e que servem para diversão de um pequeno grupo, ganham dimensão catastrófica quando disparadas por um veículo que atinge milhões de pessoas.

É assim que percebo essa transmissão do Pan: amadora, despreparada, sem linha editorial, superficial e perdida. A primeira função que seria informar não está sendo cumprida. Sinto que o que foi ganho de público para o esporte, ao longo desses anos, foi perdido nesses dias, pela falta de qualidade da transmissão. É preciso gostar muito de esporte, ou ter a necessidade de se informar com o que se tem, para poder acompanhar com afinco as transmissões desse Pan 2011.

Mas não paro aqui. Vejo que, assim como em 1984, a Globo faz de conta que nada está acontecendo. Serão necessários outros trezentos mil na Praça para que algo seja apresentado no Jornal Nacional? Ao invés de ter aprendido com Silvio Luís a como driblar as imposições da concorrente prefere ignorar o feito de nossos atletas, mostrando que o importante são os negócios e não o esforço cotidiano para se chegar a uma medalha. É inegável a importância dos meios de comunicação para a circulação da informação e a consequente consagração de feitos na sociedade contemporânea. O esporte, mais do que qualquer outra atividade, depende da mídia. Mais do que uma competição entre pessoas altamente habilidosas, o esporte é um bem cultural, um espetáculo, um produto complexo que envolve inúmeros interesses. O silêncio da Globo soa quase como um boicote, não ao espetáculo, mas ao atleta, o protagonista do espetáculo esportivo.

Onde está o discurso patriótico e ufanista produzido no Pan de 2007 ou em outros campeonatos de importância semelhante? O Tiago Pereira já não é o rei do Pan? As performances de Cielo já não são tão impressionantes, muito embora ele seja capa de jornais mundo afora? E os ouros das meninas do vôlei de quadra e de praia já não são tão preciosos quanto no passado? Não há o que se noticiar sobre a organização do evento?

O monopólio da janela de vidro

Enfim, uma vez mais observamos um desserviço à informação. Atitude de criança pequena, que quando excluída da brincadeira pega seu brinquedo e sai emburrada impedindo que outros brinquem. E não adianta daqui a alguns dias, caso isso seja revisto, tentar trazer ao público aquilo que se deixou de informar. A notícia, nos dias atuais, é acompanhada em tempo real. Devemos esse favor à internet e àqueles que a utilizam para cobrir os furos deixados por redes que durante gerações monopolizaram a informação e o conhecimento. E que isso nos sirva de alerta para o que está por vir em 2012. Quem quiser acompanhar os Jogos Olímpicos de Londres que comece a pensar em formas criativas para não morrer de tédio ou de raiva diante da janela de vidro.

Referências bibliográficas

SIMSON, V., Jennings, A. *Os senhores dos anéis: poder, dinheiro e drogas nos Olimpíadas Modernas*. Rio de janeiro: Ed. Best Seller, 1998

SMIT, B. *Invasão de Campo. Adidas, Puma e os bastidores do esporte moderno*. Rio de Janeiro: Jorge Zahar Editora, 2007.

O semióforo do esporte brasileiro

Hoje é domingo, dia de ler o jornal sem pressa e de buscar as conexões necessárias para os fatos e notícias que li durante a semana. Já nada se fala sobre a queda do ministro. Para minha surpresa leio que, em função da crise na Europa, o Brasil já é considerado a 6ª maior economia mundial! Quem diria... considerariam os mais velhos, principalmente porque a vida inteira ouviu-se dizer que éramos o país do futuro. Ótima desculpa para não se fazer nada no presente e se jogar a responsabilidade para cima das futuras gerações. Essa notícia também reforçou a ideia que tive há anos atrás acerca da formação dos signos e imagens que falam sobre o Brasil e nossa cultura.

Há uns anos atrás li um livro em que a Profa. Marilena Chauí falava sobre o mito fundador da sociedade brasileira. Naquele momento eu me dedicava ao estudo do campo simbólico pela teoria do imaginário e talvez, pelo fato de utilizar um outro referencial teórico, esse texto tenha me chamado tanto a atenção.

Chauí falava do *semióforo* como algo precursor, fecundo ou carregado de presságios. O semióforo era a comunicação com o invisível, um signo vindo do passado ou dos céus, carregando uma significação com consequências presentes e futuras para os homens, como *semáforo* era um sistema de sinais para a comunicação entre navios e deles com a terra. Com esse sentido um semióforo é um signo trazido à frente ou empunhado para indicar algo que significa alguma outra coisa e cujo valor não é medido por sua materialidade e sim por sua força simbólica. Objetos como uma pedra, se for um local onde um deus apareceu, ou um simples tecido de lã, se tiver sido usado como abrigo para um herói possuem um valor incalculável como lugar sagrado ou como relíquia heroica. Embora um semióforo seja algo retirado do cotidiano e esteja encarregado de simbolizar o invisível espacial ou temporal e de celebrar a

Psicologia, Esporte e Valores Olímpicos

unidade dos que compartilham uma crença comum ou um passado comum, ele é também posse e propriedade daqueles que detêm o poder para produzir e conservar um sistema de crenças ou um sistema de instituições que lhes permite dominar um meio social. Chefias religiosas ou igrejas, guardiãs do saber sobre o sagrado, e chefias político-militares, depositários do saber sobre o profano, são os detentores iniciais dos semióforos.

Não é difícil de enxergar o semióforo no esporte, visto que o Barão de Coubertin em pessoa se incumbiu de criar os símbolos e signos que detêm hoje esse poder, sejam os anéis olímpicos, a bandeira, a cerimônia do pódio, a medalha, os juramentos e todo o ritual que, retirados dos Jogos Olímpicos, hoje se multiplicam pelas competições esportivas que vão de um campeonato escolar aos Jogos Pan-americanos. Curioso é observar que sendo então um signo, como diz a Profa. Chauí, significa mais do que ele em si e seu valor não pode ser medido por sua materialidade e sim por sua força simbólica.

Ao longo dessas duas últimas semanas acompanhei os Jogos Pan-americanos com os recursos de que disponho, afinal se fosse depender da emissora que detém a exclusividade dos Jogos não poderia escrever esse texto. Garimpando informações principalmente nas *webpages* pude observar o quanto o esporte se tornou um semióforo de si mesmo. Embora a busca pela vitória seja a razão principal do atleta, ela se enreda em proposições que distanciam o protagonista do espetáculo esportivo da materialização de sua função. Lembrando uma vez mais a Profa. Chauí, um semióforo é algo retirado do cotidiano e se encarrega de simbolizar o invisível espacial ou temporal e de celebrar a unidade dos que compartilham uma crença comum ou um passado comum. Isso pode ser observado no discurso dos que venceram. Há aqueles que se entusiasmam com a conquista, independente do metal que cobre sua medalha. Isso porque o resultado coroa uma trajetória quase sempre marcada pelo esforço individual, a superação de limites

O semióforo do esporte brasileiro

sociais e materiais, a falta de apoio ou circunstâncias momentâneas que determinariam o fracasso.

A força concreta e simbólica desempenhada por essas vivências reforçam a criação do imaginário heroico no esporte e impulsionam a prática da atividade esportiva em outras gerações. Daí a importância fundamental do cuidado com o atleta quando falamos em políticas públicas para o esporte, ou sobre o legado dos megaeventos esportivos não apenas no Brasil. Não há espetáculo esportivo sem o atleta. De nada adianta grandes estádios, luxuosas vilas olímpicas ou infraestrutura impecável da cidade realizadora. A razão de ser da competição esportiva se inicia e se encerra naquilo que o atleta é capaz de desempenhar. Ele é a razão dos Jogos. E é aí que o semióforo do esporte brasileiro ainda não se firmou.

Entre todas as políticas anunciadas para o desenvolvimento do esporte no país, o atleta ainda está a mercê de ações parciais e descontextualizadas que pouco promovem o real desenvolvimento em relação ao que ocorre entre os países considerados mais desenvolvidos, salvo raras exceções onde as modalidades já se firmaram como potência mundial.

Citando mais uma vez o texto da Profa. Chauí, o semióforo é também posse e propriedade daqueles que detêm o poder para produzir e conservar um sistema de crenças ou um sistema de instituições que lhes permite dominar um meio social. Ou seja, enquanto as instituições tratarem das políticas para promoção do esporte sem incluir os diretamente interessados no seu desenvolvimento estaremos tratando de um esporte abstrato, ficcional, quase uma história infantil.

A realização de bons resultados por um atleta é a materialização das políticas esportivas de uma cidade ou de um país. Isso quer dizer que não há discurso que supere o desempenho nas pistas, piscinas, quadras e campos. Esse é o maior semióforo que se pode construir. Ninguém duvida das capacidades que crianças

Psicologia, Esporte e Valores Olímpicos

e jovens brasileiros apresentam para a prática esportiva, ou das bases materiais de que dispomos no presente, incluindo aí todo o aprimoramento técnico e humano para esse desenvolvimento. O que nos falta então? O modelo, o espelho, o semióforo... não do atleta, porque isso já temos desde Guilherme Paraense, passando por Adhemar Ferreira da Silva, Rosa Branca, Tetsuo Okamoto, Aída dos Santos, Joaquim Cruz, João do Pulo, Jackie Silva, Torben Grael, Maurren Maggi, Paula, Giovani, Oscar, Marcel e tantos outros, mas de uma geração de dirigentes que pense para o desenvolvimento e aprimoramento dos atletas e instituições. E então as 89 medalhas olímpicas e os 306 medalhistas poderão se multiplicar, não para que o Brasil esteja no topo do quadro que simboliza potência, mas para que isso simbolize uma política bem-sucedida de esporte que seja para todos e que oportunize, para os mais habilidosos, as condições para a projeção da sua potência.

Referência bibliográfica

CHAUÍ, M. Brasil. *Mito fundador e sociedade autoritária*. São Paulo: Editora Fundação Perseu Abramo, 2001.

Sim. É possível transformar o esporte brasileiro.

Meu nome não é Poliana e há muito tempo deixei de acreditar em Papai Noel, Coelhinho da Páscoa, duendes, fadas e fantasias de diferentes ordens. Com o passar dos anos me vejo cada vez mais próxima das coisas que se confirmam por sua história. Isso não quer dizer que eu seja pessimista, cética ou niilista. Ao contrário. Sou uma otimista inveterada, que aposta nas ações humanas e que vê a vida melhor no futuro. Minha trilha sonora é "Maria, Maria" porque entendo que "quem traz no corpo essa marca possui a estranha mania de ter fé na vida". Penso que talvez essa seja a razão que me leva a estudar a trajetória dos atletas olímpicos brasileiros. E passada a casa das 500 entrevistas fico cada vez mais empolgada com essa pesquisa que me leva a conhecer, a cada narrativa, um pouco mais da história de vida de cada atleta e também a trajetória da modalidade por eles praticada.

Lembrando de Bosi (1994; 2003) sabemos que ao descrever a substância social da memória, evidencia-se que o modo de lembrar é individual tanto quanto social: o grupo transmite, retém e reforça as lembranças; o recordador, ao trabalhá-las, vai paulatinamente individualizando a memória comunitária e, no que lembra e no como lembra, faz com que faça permanecer aquilo que tem significado para si. Vem daí a afirmação de que toda memória pessoal é também social, familiar e grupal, e por isso, ao recuperá-la, é possível captar os modos de ser do indivíduo e da sua cultura.

As histórias de vida são uma forma particular de história oral e um instrumento para captar e organizar a memória, que interessa ao pesquisador por aprender valores que transcendem o caráter individual do que é transmitido e que se insere na cultura do grupo social ao qual o sujeito que narra pertence. O relato em si traz o que o narrador considera importante em sua trajetória, dando uma

Psicologia, Esporte e Valores Olímpicos

ideia do que foi sua vida e do que ele mesmo é nesse momento. Essa atitude reflexiva permite a reexperimentação de situações passadas não apenas do ponto de vista do desenrolar dos fatos, mas pela ressignificação de episódios marcantes para o narrador, que se permite inverter (ou subverter) a narrativa obedecendo a uma cronologia própria da afetividade implicada no evento ocorrido, dando ao seu texto um contexto.

O entendimento das motivações e razões pessoais que levam pessoas a transformarem seu grupo social me fascina porque passo a entender a relação sujeito-sociedade, dando identidade tanto às pessoas como aos grupos. Por isso, a cada entrevista uma nova surpresa surge não apenas para a pesquisa, mas para a minha própria reflexão sobre o que faço, por que faço, como faço e como vejo o esporte brasileiro.

Na sexta-feira, 04 de novembro, estive em Três Coroas, no interior do Rio Grande do Sul, no começo da subida da serra que vai dar em Gramado e Canela. O convite já havia sido feito por Gustavo Selbach há uns dois meses atrás quando estive em Porto Alegre para uma rodada de entrevistas. Quando o contato com Gustavo foi feito, foi preciso uma engenharia em minha agenda porque naquela visita à capital gaúcha foram realizadas 9 entrevistas em 3 dias de trabalho. Gustavo percebendo a importância do projeto e a minha dificuldade em organizar tudo se propôs, juntamente com o irmão Leonardo, a ir a Porto Alegre para a entrevista, um deslocamento de quase 80 quilômetros. Lembro que naquele dia chovia a cântaros e ele foi telefonando da estrada para notificar o atraso em função do congestionamento que assolava a cidade por causa dos alagamentos ocasionados pela chuva. Leonardo teve problemas na hora da saída e Gustavo acabou vindo só. Realizamos sua entrevista na sede da Sogipa, perto da entrada da cidade, e lá conversamos por quase uma hora. Sua vida é a canoagem. Narrou com detalhes como foi sua trajetória como atleta, mas também a aventura da organização da modalidade em sua cidade, as viagens

Sim. É possível transformar o esporte brasileiro.

para o exterior, o contato com atletas e técnicos de países onde a modalidade está bem desenvolvida, as duas participações olímpicas e a preparação atual para tentar uma vez mais realizar o sonho olímpico. Terminamos aquela entrevista com um convite para ir a Três Coroas, entrevistar os outros dois olímpicos que moram lá e conhecer o rio e tudo o que nele se faz.

Contando com a colaboração constante de Alexandre Velly Nunes e Helena Alves D'Azevedo, meus eternos colaboradores gaúchos, recém-chegados de Guadalajara onde trabalharam nos Jogos Pan-americanos que terminou dias atrás, partimos em direção a Três Coroas, num dia de primavera, com céu de brigadeiro, temperatura amena e a sensação de que o tempo corre em outro relógio naquelas paragens. Atravessamos os vales onde se desenvolve a indústria gaúcha do calçado, mas onde também se observa um Brasil que mescla o industrial com o rural, onde barracas na beira da estrada oferecem frutas, queijos, compotas e artesanatos locais e as placas das lojas de fábrica anunciam os melhores calçados a preços convidativos.

Gustavo, agora sabedor de nossas intenções, incumbiu-se de motivar o irmão Leonardo e o companheiro de corredeiras, Cássio Ramon Petry, a nos receber e contar suas histórias. Gustavo e Leonardo trabalham no cartório da cidade, cujo proprietário é o pai. Três Coroas, cidade de vinte mil habitantes, parece um cenário de novela. O rio cristalino, o viabilizador da carreira de nossos entrevistados, nos recepciona. Cruzamo-lo por uma ponte de mão-única, coberta por um telhado, construção inusitada para os meus padrões. Ao cruzar a ponte, Alexandre reduziu a velocidade porque dali de cima se podia assistir ao circuito montado no rio logo abaixo, onde vários garotos e garotos praticam canoagem *slalon*, todos eles devidamente paramentados para a atividade.

Finalmente iniciamos a entrevista com Leonardo, que nos recebeu em sua casa, muito embora o tivéssemos encontrado no cartório, onde se realizava um casamento. Articulado como o

Psicologia, Esporte e Valores Olímpicos

irmão Gustavo começou a discorrer sobre sua vida e a trajetória no esporte. Fiquei agradavelmente surpresa ao ver seu envolvimento com a entrevista e o quanto de informações e análise trazia a cada fato, momento ou curiosidade de sua vida. Por várias vezes ele se emocionou com suas lembranças e no princípio tentei entender o por quê daquela emoção. E depois de um tempo ele próprio me deu a resposta: a emoção vinha porque o projeto de canoagem que ele desfrutou não era um projeto seu, pessoal, mas coletivo, de toda uma cidade. E ele deixou claro essa ideia no momento em que falou sobre o início dos Jogos Olímpicos de Barcelona, quando "a ficha caiu". Esse momento ocorreu quando ele chegou na porta do estádio olímpico para o desfile de abertura dos Jogos, viu o arco da entrada e o que iria começar a acontecer... e naquele momento cruzaram sua memória todas as pessoas que colaboraram com sua trajetória e que não tinham, como ele, a possibilidade de viver aquele momento raro, singular e único.

O emocionante dessa entrevista e da forma como essa narrativa foi construída foi observar que sim, é possível se construir uma estrutura institucional de uma modalidade esportiva de forma responsável, participativa e competente. O que a história de Gustavo e Leonardo nos mostra é que é possível se estruturar uma modalidade, buscar competência técnica e infraestrutura de forma positiva e idônea e fazer as coisas acontecerem. Ele contou como foi a aproximação com a prefeitura de Três Coroas para o gerenciamento do Parque onde as atividades de canoagem acontecem e que possibilitou o desenvolvimento da modalidade lá.

O ápice dessa aventura calculada foi a realização do campeonato mundial da modalidade, na cidade, em 1997. Mesmo sem ter uma rede hoteleira milionária, nem uma pista com requintes de sofisticação, Três Coroas recebeu o primeiro campeonato mundial de canoagem *slalon* no Brasil. Os atletas ficaram hospedados em várias casas de família que se prepararam para recebê-los, os empresário do setor calçadista da região contribuíram e enfim aquela cidadezinha

Sim. É possível transformar o esporte brasileiro.

de vinte mil habitantes do interior do Rio Grande do Sul soube, em 1997, o que era um megaevento esportivo para as suas proporções. Mas, diferentemente de outras cidades que experimentaram essa vivência, o legado material, social e educacional permitiu que a canoagem continuasse a ser um patrimônio da cidade.

E assim, novas gerações de canoístas estão sendo formadas, muito embora os irmãos Selbach reclamem da falta de praticantes para que a modalidade possa crescer ainda mais.

Sim. É possível e eu acredito que o esporte possa se desenvolver dessa forma também em muitas outras cidades brasileiras.

Sim. É possível e eu acredito que muitas comunidades possam ser agraciadas por programas regulares de desenvolvimento esportivo como esse. E entendo que não apenas os atletas habilidosos são beneficiados por ele, mas todos aqueles que direta ou indiretamente contribuíram para o sucesso de quem foi à competição e se emocionou com o fato de poder ter chegado.

Sim. É possível e eu acredito que assim como Cassio Ramon Petry, um trabalhador da indústria calçadista, foi capaz de chegar aos Jogos Olímpicos de Sydney e hoje pode se dedicar inteiramente à prática da canoagem, esporte no qual se profissionalizou, outros brasileiros talentosos, habilidosos e apaixonados também possam chegar um dia à porta de um estádio olímpico para o desfile de abertura e se emocionar ao se lembrar de quantos outros brasileiros colaboraram para que aquele momento fosse muito mais do que um sonho, mas a materialização de um desejo que é coletivo.

Referências bibliográficas

BOSI, E. *Memória e Sociedade*. São Paulo: Cia das Letras, 1994.

BOSI, E. *O tempo vivo da memória*. São Paulo: Ateliê editorial, 2003.

O dia em que a Fiel ganhou mais 5 loucos para sua torcida

Adoro minha profissão. Sim. Sou professora e pesquisadora de uma universidade pública. Não recebo o maior salário do mundo, mas tenho o privilégio de investigar os temas que provocam minha curiosidade, de conhecer pessoas diferentes ao redor do mundo e fazer coisas completamente fora do padrão das profissões ditas normais. Meu fazer está associado a produzir ideias, instigar pessoas à reflexão e provocar a angústia produtiva que advém do deslocamento das zonas de conforto.

Essa semana, por conta do Congresso da Associação Brasileira de Psicologia do Esporte, tive o privilégio de reencontrar pessoas muito queridas, conhecidas de outros congressos. Além dos colegas brasileiros, vieram ao Brasil: Joaquin Dosíl, da Espanha, Humberto Serrato e Sandra Yubelly García Marchena, da Colômbia, e Marcelo Roffé, da Argentina, que além de psicólogos do esporte são amantes dessa especialidade que se multiplica por esse país que será sede da Copa do Mundo e dos Jogos Olímpicos em breve. Apesar das teorias pregarem um distanciamento de nossos objetos de pesquisa não é difícil provar o quanto somos apaixonados pelo que fazemos. Onde há uma disputa ou um espetáculo esportivo nosso coração pulsa mais forte, nossa atenção se desvia e de imediato se inicia uma discussão onde podemos desfiar nosso rosário de teorias acerca dos diferentes temas de nossa especialidade. É isso. Queiramos ou não somos capazes de ter argumentos para explicar o inexplicável no que se refere ao mundo do esporte, universo de contornos flexíveis e ilimitados.

Entre conferências, simpósios, minicursos e temas livres esse grupo de amigos psicólogos (ou seriam psicólogos amigos?) trabalhou na preparação do próximo congresso da Sociedade Iberoamericana de Psicologia do Esporte, que será realizado em São

Paulo, em outubro de 2012, e falou muito sobre o que passa em cada um de seus países e de seu trabalho. Quando encerramos a jornada de sábado surgiu um pedido difícil de não se negar a um visitante estrangeiro: assistir a um jogo de futebol! Consultada a tabela do domingo lá estava uma peleja digna de recomendação: Corinthians e Atlético Paranaense, no Pacaembu. Não vou escrever esse texto sob a ótica de torcedora, mas daquela que olha para o esporte como um fenômeno social complexo, capaz de inúmeras interpretações, utilizando para isso apenas uma única partida. A excitação de meus colegas era tamanha, que pareciam crianças em véspera de Natal esperando pelo velhinho Noel e seu saco cheio de presentes.

Por mais que eu dissesse que o Pacaembu ficava perto do hotel onde estavam na Avenida Paulista ficaram surpresos com a rapidez com que chegamos ao estádio, já cercado por uma multidão vestida de preto e branco, em diferentes estilos e modelos. Embora a turba se movimentasse freneticamente, nada fazia sugerir o temor de um arrastão ou o receio de uma emboscada. Pelo contrário, como bem observou Sandra, aquilo era uma grande festa com muitos pais carregando seus filhos pelas mãos ou os menores pendurados nos ombros, muitas mulheres de diferentes idades e homens de todas as feições. Chegamos à bilheteria e confirmamos o óbvio: não havia mais ingressos "normais". Só restavam os tais ingressos VIP. Interessante ter que resignificar esse tal de *Very Important Person* para Venda de Ingressos para Poucos, uma vez que adentrar ao Pacaembu com aquele bilhete era preciso desembolsar R$ 180,00, módica quantia se pensarmos no quanto custarão os ingressos mais baratos para a Copa do Mundo.

O fato é que a ausência de ingressos na bilheteria nos levou a ser coniventes com o crime, quase organizado: os vendedores do câmbio paralelo. Faço questão de enfatizar que somente participei desse tipo de patifaria por causa de meus convidados. Imaginem o que é prometer o Wet'n Wild a uma criança em pleno mês de

O dia em que a Fiel ganhou mais 5 loucos para sua torcida

janeiro e, depois de preparar a sacola com maiô, protetor solar, óculos, sandálias e salgadinhos, descobrir que tudo não passou de um mal-entendido... Com desejos infantis não se pode brincar. Acionei meu detector de faces suspeitas e comecei a perguntar a alguns senhores que se esforçavam para parecer mais um na multidão se sabiam se ainda havia ingressos. É de se supor que muitos ingressos apareceram a preços que variavam de setenta aos mesmos 180 reais da bilheteria, com a diferença que eram para o tobogã. Sem contar com a ética particular dos vendedores das cercanias do estádio. Tomando-me também como estrangeira, talvez porque me comunicasse com meus convidados em espanhol, tentaram me vender de tudo, inclusive ingresso do setor verde como se fosse meio do campo. Como é divertido parecer ignorante aos olhos de espertos!

Depois de quase uma hora de negociações com diferentes representantes dos amigos do alheio, que facilmente nos colocariam nas primeiras fileiras do G20 ou da OMC, conseguimos 4 ingressos com inscrições que anunciavam ser aqueles pedaços de papel um salvo conduto para o território livre da Gaviões da Fiel e 2 para a Camisa 12. Fiquei surpresa com aquilo: embora digam que é preciso acabar com as torcidas organizadas, há espaços, e ingressos, reservados para essas organizações, que depois são vendidos por 3 ou 4 vezes mais do que seu valor na bilheteria!!!! Inacreditável! Fiquei me perguntando para que então serviria o tal do cadastro nacional de torcedores e outras iniciativas natimortas para o controle da violência nos estádios. Todo aquele comércio, sob as barbas dos senhores da lei paramentados até os dentes, me pareceu mais do que oficial e reconhecido pelos guardiões do templo sagrado da gorduchinha.

Joaquín, Isabel (namorada dele), Sandra e Marcelo ficaram com os ingressos da Gaviões e entraram pelo portão da frente da Praça Charles Muller. Mal passaram pelas catracas e saíram abraçados pulando como loucos, como se fora a primeira vez que assistissem a uma partida de futebol, esquecendo-se dos demais que ficaram para trás. Quando eu e Humberto fomos passar pelo controle, nossos tíquetes apresentaram problemas e tivemos que ir para outro portão, trocar nossos ingressos, passar por uma nova revista policial, subir escadas, entrar no estádio pelo meio da multidão fiel até nos encontrar com eles novamente.

Que espetáculo! Como descrever a sensação de ver um estádio lotado e em festa?

Independente da cor da camisa, do hino que se cante ou do nome que o grupo carrega, pouca coisa me parece mais emocionante do que um estádio lotado com uma torcida feliz com o desempenho de seu time. Ontem o Pacaembu era assim: 37 mil loucos que faziam uma festa para si próprios e para qualquer espectador que desejasse assistir. Ah, como lembrei de meu pai, Seo Hilário, aquele corintiano louco, fanático, que até no hospital tinha a companhia de seu coringão em uma toalha que ficava pendurada na parede em frente a sua cama. Difícil não rimar coringão com coração ou com Larião. Ah! Seo Larião... que saudade de você e do rádio ligado nos dias de jogo do seu time querido. Como lembrei das tardes quando a casa em silêncio ouvia as transmissões de rádio que vinham de seu quarto, espaço reservado àqueles momentos privados e mágicos em que a voz do locutor se materializava em alegria ou lamento após 90 minutos de reclusão.

Mas ontem o que assisti no Pacaembu foi a incrível conversão de 5 estrangeiros em loucos. Loucos pela festa que se fazia dentro do estádio, pela batucada incessante, pelas bandeiras que se desfraldavam a cada gol, pelo pai fiel que passou quase 90 minutos com o filho nos ombros pulando, dançando, vibrando. Como negar a existência de uma República Democrática constituída por uma torcida que se diz o povo e se prova como tal? Como lembrei das histórias dos tempos em que o Pacaembu era um espaço democrático que abrigava diferentes tribos independente de suas origens e sem demarcação territorial. Meus colegas ibero-americanos

O dia em que a Fiel ganhou mais 5 loucos para sua torcida

experimentaram de imediato uma sensação confortável de pertencimento.

Sei que a escolha do time, no Brasil, é algo como uma herança que se recebe quando ainda estamos sendo gestados. Daí a camisa na porta do quarto na maternidade e presentes que se sucedem com o passar dos anos. Situação diferente de quando somos adultos e fazemos escolhas motivados pelas mais distintas situações que vão desde "gosto porque gosto e não devo satisfação nenhuma a ninguém" até "fui convencido pelas razões que a própria razão desconhece".

Ontem foi o dia em que a fiel ganhou mais 5 loucos em sua torcida. Não porque é o time do povo, ou porque tem a maior torcida do país ou ainda por estar na primeira colocação do campeonato. Somente porque, preto no branco, não há nada que se compare a um jogo jogado por onze jogadores em campo e 37 mil na arquibancada.

O *making off* do projeto olímpico

Desde que comecei essa fase da pesquisa com os atletas olímpicos fiz um acordo com o grupo de colaboradores, principalmente quando viajamos para a coleta de muitas entrevistas: no reunimos ao final do dia para fazer um balanço do que ocorreu naquela jornada de trabalho. Nessas conversas apresentamos nossas impressões sobre as entrevistas em si, mas também toda a aventura que é (muitas vezes) chegar ao entrevistado. E as coisas pitorescas se somam: ônibus errados, lugares distantes, dificuldades na fala, peculiaridades da vida, situações do entrevistado em si, sensibilidades percebidas, histórias tocantes, mas, principalmente, conteúdos em *off*. Acredito que depois de todos esses anos trabalhando com essas pessoas e temas que se apresentam a nós, o livro com o *making off* sairia muito maior do que a enciclopédia que escreveremos para 2015.

O *making off* não é só aquilo que o atleta não quer falar com a câmera ligada. É também tudo aquilo que faz parte de nosso aquecimento para ligar a câmera. Normalmente essa etapa se inicia quando conto as finalidades do projeto, minha própria trajetória com o tema e as histórias já narradas de outros atletas daquela modalidade ou da época a qual esse atleta pertence. De acordo com os manuais de metodologia, o *making off* é um dado que não podemos usar na pesquisa porque não temos como prová-lo (e talvez por isso mesmo é que tantos falam nessas condições), mas é inegável o quanto ele nos serve para "amarrar" informações que em princípio não têm muito sentido ou não contam plenamente uma história. E como já temos muitas versões de um mesmo episódio não é raro ouvirmos mais uma versão da mesma história ali, durante o cafezinho, contado despretensiosamente, o nosso dado, como se fosse o elo perdido de uma história sem fim.

É então que me lembro de muitos livros e artigos da antropologia que falam sobre o fazer etnográfico. Embora a minha

Psicologia, Esporte e Valores Olímpicos

pesquisa não seja etnográfica, a imersão feita no tema olímpico às vezes imprime esse caráter de aprofundamento no objeto de análise que sugere a etnografia. E então as viagens de coleta de dados têm nos servido para isso, para esse mergulho em nosso universo de análise onde cada detalhe nos permite conhecer um pouco mais do esporte olímpico brasileiro e também de seus atores, os atletas olímpicos. Se a metodologia das histórias de vida por si só é apaixonante, aplicá-la como estamos fazendo, respeitando os atletas na sua intenção de falar e recordar, é mesmo raro. Por isso que nossas reuniões ao final do dia para discutir as várias impressões sobre o trabalho são tão importantes. E, é por isso que quando viajamos sozinhos gastamos muito tempo ao final do dia escrevendo, para nós mesmos ou para os outros, as impressões que ficaram do local e de tudo que vimos e ouvimos.

Mais uma vez estive no Rio de Janeiro em busca de atletas olímpicos e descobri coisas novas e pessoas por quem vale à pena trabalhar. O Rio tem essa particularidade de proporcionar várias surpresas em um mesmo dia. Não imaginei que pudesse me deslocar pela cidade, após várias vindas, como se estivesse na minha própria terra Natal. Já conheço as diferentes linhas de ônibus, os caminhos possíveis para ir de um lado a outro, que túneis usar para cruzar a cidade ou o que e onde comer alguma coisa que atice o paladar. O que ainda continua a me surpreender é a veia automobilística dos motoristas de ônibus que conseguem fazer uma viagem da Gávea à Vila Isabel em cravados 15 minutos para desespero de passageiros estrangeiros como eu. No último sábado me senti em um jogo, no qual eu não tinha *joy stick*, mas era sábado, e como escreveu Vinícius de Moraes, um dos poetas que melhor captou o espírito dessa cidade

> Tudo isso porque o Senhor cismou em não descansar no Sexto Dia e sim no Sétimo
> E para não ficar com as vastas mãos abanando

O *making off* do projeto olímpico

Resolveu fazer o homem à sua imagem e semelhança
Possivelmente, isto é, muito provavelmente
Porque era sábado.

No último sábado, voltei para casa depois de 4 belas entrevistas. Dessa vez não estava com o grupo. Final de ano, muitos compromissos, relatório próximo da entrega, nossa força tarefa se dividiu em subgrupos para aproveitar o tempo como fosse possível. Sérgio Giglio passou aqui 7 dias e voltou para casa com mais de uma dezena de entrevistas, com atletas de diferentes modalidades e décadas e nos contou por e-mail a emoção de entrevistar alguns atletas mais velhos e sua própria emoção em ouvir todas aquelas memórias. Neilton, após o fim do processo de mestrado voltou às entrevistas em São Paulo e se prepara para uma invasão à capital mineira na próxima semana atrás de quase quarenta atletas que estão por lá. E eu vim ao Rio com contatos proporcionados por nossa "corrente pra frente". A estratégia adotada de buscar contatos a partir das entrevistas feitas tem se mostrado eficiente e volto para casa com dez entrevistas em 3 dias de trabalho.

Mas, o que o *making off* dessa vez me proporcionou foi a capacidade de olhar para o mesmo fenômeno com diferentes referenciais de avaliação. Quem me ajudou nisso foi minha sobrinha Luciana Tabarini, também psicóloga, só que hospitalar, confirmando a necessidade de elaboração dos tantos dados de pesquisa coletados durante um dia. Na volta das entrevistas contava a ela minhas aventuras diárias (dos encontros emocionados aos ônibus pilotados por motoristas tresloucados) e tentava eu mesma colocar todos aqueles dados acomodados em minhas "prateleiras" mentais, buscando organizar meus pensamentos, os dados da pesquisa e minhas sensações e emoções daquilo que vi e ouvi durante o dia.

Impossível pensar em fazer uma pesquisa como essa tratando os atletas como sujeitos e as narrativas como dados. Quantas coisas são ditas explicitamente e outras tantas deixadas soltas, voando,

Psicologia, Esporte e Valores Olímpicos

com a clara intenção do narrador de se fazer entender pelo não dito. Às vezes essas falas são acompanhadas de olhares que remetem a outros lugares e tempos, com palavras escolhidas a dedo para não se chegar diretamente ao ponto: para quê? Se tudo aquilo já passou e restaram apenas as cenas que merecem ser descritas é então chegado o momento de degustá-las como a um bom antepasto ou a sobremesa que não foi feita para matar a fome, mas para sustentar o pecado capital da gula. E a nós, os ouvintes, nos cabe entender as intenções que o narrador tem para conosco. Somos as pessoas privilegiadas que vão ali para escutar e quem sabe, com um pouco de talento e habilidade torná-las, em formato de texto, tão atrativas quanto quando foram contadas.

Espero ao final do projeto poder escrever também sobre a riqueza de todo esse material que "sobra" das entrevistas, o *making off*. Espero também não ser atacada por alguma moléstia que afete minha memória antes de passar todas essas histórias para o computador. Entendo que elas são fundamentais para o entendimento de nosso universo olímpico, mas principalmente porque elas nos ensinam a fazer ciência, "tão científica" quanto aquela produzida dentro de laboratórios, de onde são extraídos números e gráficos que provam a cientificidade, pelo simples fato deles serem objetivos, absolutos.

Os elementos retirados de todas essas histórias já começam a se tornar, objetivamente, ferramentas de intervenção junto aos atletas que atuo, ou aos profissionais que de alguma forma colaboro com o fazer profissional. As narrativas, embora pareçam ficção pela condição fantástica da vida do narrador, são situações concretas ocorridas em diferentes tempos históricos, mas que muitas vezes se repetem como em uma espiral elíptica: embora o momento se altere, a história parece ser a mesma, com os mesmos cenários, as mesmas situações e, não raro, alguns mesmos personagens mesmo depois de passados muitos anos.

Sua excelência, a torcida!

Faço parte de uma família que carrega uma forte tradição no futebol. Pai, mãe, irmã, tios e tias, primos e primas e agora até sobrinhas comungam a mesma opção clubística. E toda tradição, como nos afirma Eric Hobsbawn, foi um dia inventada por alguém, atendendo a alguma intenção. Antes mesmo de conhecer os autores da área sociocultural do esporte que vão apontar as influências sociais e culturais na construção do fenômeno esportivo, vi na minha própria família a influência que o esporte, e mais especificamente o futebol, é capaz de exercer em sua dinâmica. Tenho um primo chamado Rivelino, isso mesmo, não é Roberto, é Rivelino; o gato de uma prima, após um jogo histórico, passou a se chamar Tobias, e por aí vai.

Não imaginava durante a infância que minha profissão quando adulta estaria relacionada ao esporte. Praticante assídua de diferentes modalidades, cheguei a fazer jornalismo pensando em me tornar uma jornalista esportiva, mas a vida me levou para outras paragens embora a paixão pelo esporte e todo esse universo nunca tenham me abandonado.

Muitas das minhas lembranças de jogos estão relacionadas com a família e amigos reunidos para assistir jogo, torcer pelo time e sair às ruas para festejar. Sou de um tempo que a rivalidade entre torcidas e torcedores não passava de discurso acalorado ou infinitas piadas que tanto podiam se relacionar com a vitória como com a derrota, do próprio time ou do adversário. Lembro também de meu pai contar sobre suas idas ao Pacaembu e das tantas vezes em que sentou ao lado de torcedores do time adversário, compartilhou o amendoim e as impressões sobre o jogo de forma gentil, cordial. Como não sou desse tempo, creiam, eu ouvia tudo isso e ficava pensando em preto e branco, como se as imagens descritas por ele estivessem em um filme mudo, com homens trajando terno e

Psicologia, Esporte e Valores Olímpicos

chapéu e as mulheres vestidos cinturados e sapatos combinando com a bolsa. Quando vou ao Museu do Futebol de São Paulo (um dos museus de esporte mais incríveis que já visitei no mundo) e observo o acervo relacionado com os anos 1930 e 1940, vejo materializada a imagem que fazia do futebol e da sociedade da época. O estádio do começo do século XX, lugar da aristocracia urbana, foi sendo invadido pela classe trabalhadora que honrou esse espaço sagrado prestigiando as pelejas com o devido respeito ao público que lá se dirigia para assistir e honrar a tradição de uma competição. E a informalidade que assolou os muitos espaços sociais também chegou ao futebol. O respeito antes dispensado ao adversário foi aos poucos se transformando em rivalidade incontida, e em curto tempo se transformou em inimizade contenciosa. E os estádios, campo com instalações destinadas a competições esportivas; para os romanos, arena, carreira; para os gregos, medida itinerária correspondente a 185 m.; todos, passou a ser um campo definido por regras sociais e delimitações físicas. E as novas gerações, criadas dentro de um clima belicoso, já não mais assistem a um espetáculo, mas vão ao campo para matar ou morrer, materializando a disputa simbólica que uma competição esportiva poderia representar.

Das muitas situações que a sociedade contemporânea me proporciona, capazes de me surpreender, e também me indignar, a atitude dos torcedores do futebol é sem dúvida aquela que mais me faz lembrar do texto de Freud (1930) "Mal-estar na civilização". Não farei aqui digressões e elucubrações a respeito da psicanálise, mas, por esse texto se referir à distinção entre civilização e cultura, não posso deixar de pensar no que o velho Sig escreveu nos anos 1930 observando a tudo o que ocorria com as "massas" na Alemanha pré-nazista, muito embora ele já observasse a passagem da natureza à cultura em seu artigo "Totem e tabu" de 1921. Observou Freud que todo indivíduo, em sua essência, é inimigo da civilização, uma vez que neles estão presentes tendências antissociais, anticulturais e destrutivas. Isso se justificaria por que, como ser social, o ser

Sua excelência, a torcida!

humano precisa da comunidade, mas a civilização trava uma luta incessante contra esse ser que procura ser único e livre, buscando substituí-lo pelo poder do coletivo. Ou seja, o indivíduo deve ser sacrificado para o bem da sociedade.

Tudo isso para falar sobre o que vejo hoje do torcedor.

Há uns anos recepcionei um grupo de professores estrangeiros que vieram para um congresso no Brasil e me pediram para assistir a um jogo de futebol. Olhamos a tabela e vimos um jogo que aconteceria no domingo, mas para nosso azar um dos times estava com sua torcida insatisfeita. E para nossa surpresa essa torcida, desrespeitando as mais nobres tradições do esporte bretão, foi de amarelo ao estádio e assistiu ao jogo de costas para o gramado, desrespeitando as cores de seu uniforme e bandeira. Tanto o Prof. Richard Cashman, da Austrália, conhecedor dos Estudos Olímpicos e um dos grandes intelectuais dos Jogos Olímpicos de Sydney, quanto o Prof. Eckhart Meinberg, da Universidade de Colônia e um dos papas da ética no esporte, custaram a entender o que ocorria ali no estádio. Tentei de todas as formas lhes explicar que aquilo era um ato de desagravo da torcida em relação à conduta do time, considerado pouco empenhado nos jogos, mas minhas explicações foram inúteis. E o jogo morno terminou com protestos de torcedores e espectadores de forma geral. Embora torcedores isolados considerassem absurdo tudo aquilo, o que prevalecia era a força do grupo, da massa.

E as coisas inusitadas não param por aí. Mais do que representar alguém que defende o time escolhido por si, ou pela família, para gostar e defender, o torcedor vive hoje uma espécie de insanidade em dia de competição. Não falo apenas daqueles que vão ao campo para cantar o hino do time, gritar pelos jogadores em campo, comemorar os gols feitos ou lamentar pelos sofridos. Falo também daqueles que do conforto de suas poltronas, alocadas diante de aparelhos de TV quarenta polegadas que recebem imagens pelo *pay per view*, gritam como se parte do corpo fosse

Psicologia, Esporte e Valores Olímpicos

extirpado a golpe de machado ou pelo golpe de um dragão acuado. Acompanho em diferentes bairros, em diversas cidades brasileiras, jogos de distintos campeonatos e, surpreendentemente observo um comportamento inusitado se repetir: a firme disposição em torcer, não para o próprio time, mas por aquele que pode de alguma forma prejudicar o meu adversário.

Precisei de algum tempo para entender que torcida é como maré, ela pode variar conforme o dia, a lua e as condições climáticas... tudo depende de quem joga, e não precisa ser necessariamente o seu time, mas o time do qual se é adversário. Isso significa que os sinais antes emitidos pelos espectadores a partir de seus lares podem representar muito mais que a vitória do próprio time. Ouvir um "CHUPA PORCO" ou "CHUPA CORINTHIANS" de um desavisado do condomínio ao lado, que assistiu pela TV aberta a cena avassaladora e foi favorecido pelos dramáticos alguns segundos que separam a mesma cena da TV a cabo, precisa ser confirmado antes da comemoração ou do lamento pelo ocorrido. Feito isso serão necessários alguns momentos para que a equação se processe:

$$Chupa\ alguém\ +\ \frac{Grito\ do\ locutor}{1!}\ +\ \frac{n(n-1)x^2}{Gritos\ de\ torcedores}\ =\ (Alguém\ campeão)$$

E assim, mais um espetáculo foi criado a partir do futebol brasileiro – manifestações pulmonares e vocais capazes de desafiar os mais possantes amplificadores elétricos. Visto em primeira instância isso poderia ser tomado como um ato de desagravo e desrespeito aos vizinhos que professam crenças diversas, porém, rapidamente essas manifestações da livre expressão passaram a ser esperadas pela massa torcedora que forma a maior torcida do país a partir do momento que o time corre o risco de ser campeão.

E assim, a depender da tabela e da rodada do campeonato, torcidas se formam e transformam pelo país afora como o rodar de um caleidoscópio, alterando seus gritos pró ou contra alguém.

Sua excelência, a torcida!

Afinal, diante da impossibilidade do próprio time ser campeão, o melhor programa é torcer contra o arquirrival. E aquele termo, que décadas atrás seria considerado uma ofensa sem precedentes entre os senhores e senhoras bem vestidos que ocupavam as arquibancadas dos estádios, CHUPA, hoje é motivo de riso para os que não entendem ao certo o que é sentir o disparar do coração quando o próprio time faz um gol.

E então as atenções se deslocam do gramado para qualquer outro espaço onde sua excelência, o torcedor, faz seu próprio espetáculo.

Referência bibliográfica

FREUD, S. *O mal-estar na civilização* (1930). Rio de Janeiro, Imago, 1980. (Edição Standard Brasileira das Obras Psicológicas Completas, v. 21).

O preço de uma memória

Vejo com que frequência se escreve acerca da profissionalização do esporte e as consequências desse movimento para o fenômeno esportivo, principalmente o que diz respeito ao esporte olímpico. Isso porque, um dos valores que fundamentou o Movimento Olímpico até o final dos anos 1980 foi o amadorismo. Romantismo a parte não é difícil entender que o esporte não sobreviveria ao Século XX se não assumisse e admitisse que era preciso profissionalizar a estrutura e o protagonista do espetáculo esportivo: o atleta.

O amadorismo foi no passado tema tão tabu quanto o uso de substâncias dopantes, considerado uma virtude humana e condição *sine qua non* para qualquer atleta olímpico. Mas, mais que um valor ético, essa imposição era um qualificador pessoal e social dos atletas que se dispunham a seguir a carreira esportiva. Envolvida em uma discussão ideológica tanto para os que defendiam esse princípio como para os que o atacaram, a história olímpica contemporânea está pontuada por ocorrências que demonstravam o uso parcial desse preceito. O amadorismo foi esquecido como um dos elementos fundantes e fundamentais do Olimpismo no final da década de 1970, quando se intensificou um movimento de disfarce de atletas em funcionários de empresas para que escapassem à condição de profissionais do esporte. No Brasil esse esforço foi substituído definitivamente e com sucesso pelos contratos com patrocinadores e empresas interessadas em investir no esporte no início dos anos 1980.

Muitos foram os valores implicados nessa mudança. A transformação do espetáculo esportivo em um dos negócios mais rentáveis do planeta foi talvez a principal motivação para a reconsideração sobre o que era e qual a finalidade do amadorismo na participação do atleta em Jogos Olímpicos. A profissionalização

Psicologia, Esporte e Valores Olímpicos

acabou por imprimir uma grande alteração na organização esportiva, tanto do ponto de vista institucional como na atividade competitiva em si, levando o esporte a se tornar uma carreira profissional cobiçada e uma opção de vida para jovens habilidosos e talentosos. A competição ganhou visibilidade e complexidade ao se tornar espetáculo esportivo e produto da indústria cultural. E assim, interesses econômicos aliados a disposições políticas e intervenção estatal produziram e reforçaram uma das instituições mais robustas do planeta.

Os protagonistas do espetáculo esportivo são figuras grandiosas na sociedade contemporânea, por realizarem feitos incomuns aos cidadãos médios, e públicos, por serem alvo de projeção e de identificação. Esses olimpianos são o exemplo de um profissional possível em um mundo onde o trabalho se torna escasso. O atleta competitivo é um novo tipo de trabalhador que vende sua força de trabalho em forma de espetáculo, e que atrai multidões a espaços públicos ou retém milhões de telespectadores diante da TV. O valor de troca de sua força de trabalho, regulado pelas leis do mercado, está determinado pelo tempo necessário para sua produção. O amadorismo deixou de existir quando esse trabalhador do esporte teve agregado ao seu esforço o distintivo de um clube ou a logomarca de uma empresa.

> Enquanto ideal olímpico, o amadorismo constituía um imperativo de igualdade entre os atletas. Ainda que desde cedo não tenha tido eficácia prática, o princípio que lhe subsiste tem sido remetido para a diferenciação dos quadros competitivos, de acordo com as especificidades dos atletas e das suas competências, de modo a garantir uma posição mais igualitária, assim como um maior equilíbrio na dimensão competitiva. Discuti longamente essa questão em minha tese de livre-docência que foi posteriormente publicada em livro. (Rubio, 2007)

O preço de uma memória

A atividade esportiva como profissão é um fenômeno recente. Essa nova ordem comercial se firmou com a entrada da televisão no mundo olímpico. A visibilidade que os atletas ganharam estimulou empresas a terem suas marcas associadas àqueles seres capazes de realizações incomuns e diante do risco que a celebração de contratos podia representar para a carreira dos atletas, desenvolveram-se formas de burlar essas normas por meio de estratégias que dependiam da criatividade dos atletas e da ousadia das empresas. Na lógica interna do esporte contemporâneo, especialização e profissionalização são inevitáveis. Com o fim do amadorismo, o esporte converteu-se em um meio de vida, uma atividade profissional: seres humanos com habilidades fora da média passam a celebrar vultosos contratos comprometendo-se a realizar determinadas marcas. Buscando responder a essas exigências, nos últimos anos os campeões do esporte transformaram-se em rendosas mercadorias que são vendidas e negociadas em diversos pontos do planeta. Na transformação da prática da condição amadora para a profissional, não foram apenas os valores nobres e aristocráticos que se perderam. A criação de uma nova ordem olímpica indicava que o mundo do século XX havia passado por grandes e profundas mudanças práticas e morais. O atleta profissional não é apenas aquele que tem ganhos financeiros pelo seu trabalho. Ele é também a representação vitoriosa de marcas e produtos que querem estar vinculados à vitória, à conquista de resultados.

Como se pode ver, há inúmeros argumentos para justificar a transformação do amadorismo em profissionalismo. O que o texto acima não dimensiona, entretanto, quantas são as tantas questões morais e sociais que o profissionalismo excessivo desencadeia. O que tenho observado ao longo desses anos é que o profissionalismo não significa, necessariamente, uma atitude profissional por parte de atletas diante de fans ou da sociedade. Pelo contrário, profissionalismo significa, apenas e tão somente, ganhar dinheiro utilizando-se para isso uma habilidade motora fora de série. Os registros desses

123

momentos podem ser encontrados em fotos impressas nos jornais da primeira metade do século passado, em locuções de diferentes radialistas que durante anos recriaram esses feitos utilizando-se para isso de uma capacidade singular de descrever um gesto raro que se perpetuou em um recorde ou marca histórica. Foi assim com Adhemar Ferreira da Silva, Tetsuo Okamoto ou José Telles da Conceição. E a entrada da TV nesse cenário alterou radicalmente essa lógica, uma vez que os feitos descritos passaram a ter corpo e rosto. As imagens animadas da TV ajudaram a sacralizar e santificar uma série de atletas, marcando alguns deles como verdadeiros mitos. Não é raro no presente assistirmos em programas históricos a essas imagens como se estivessem relacionadas a uma criação ficcional.

E é justamente essa condição de de idade que motiva esse texto.

Na busca dos 1.682 atletas brasileiros que foram a Jogos Olímpicos (sim, o número não para de crescer porque aos poucos vamos descobrindo pessoas que não constam nos registros por terem sido reservas ou convocados a posteriori) me deparo com diferentes tipos de pessoas. Felizmente atletas como Jan Aten, ao saberem do projeto, apresentam-se a mim e disponibilizam-se para abrir suas memórias, histórias e considerações a respeito do que foi sua participação em Jogos Olímpicos e também sobre a vida de atleta.

Mas, uma coisa que tem me espantado é a atitude mais mercantil e menos heroica de alguns que foram ídolos, mas não heróis do esporte, que ao serem abordados para concederem uma entrevista para a minha pesquisa atual perguntam, sem qualquer pudor, quanto irão ganhar para isso. Claro está que tipo de atleta é esse.

Não são nossos lendários heróis olímpicos, mais recentes ou antigos, como Joaquim Cruz, Cesar Cielo, Jackie Silva, Magic Paula, Lars e Torben Grael, Maurren Magy, Natalia Falavigna, Bebeto de Freitas, André Richer, Bernardinho, Mauro Galvão ou tantos outros desses mais de 600 atletas que já entrevistei, ganhadores

O preço de uma memória

ou não de medalhas. Falo de uma espécie rara de atleta que não percebeu ainda, estando na ativa ou não, que sua identidade não está associada apenas àquilo que realiza no ambiente sagrado da prática esportiva, mas se desdobra em suas ações como cidadão que se dá no exercício de diferentes papéis sociais ao longo de sua existência.

Vejo pós-atletas como Rogério Romero, Aurélio Miguel, Marcus Vinicius Freire, Magnólia Figueiredo, Wagner Castropil, Rogério Sampaio, Nelson Prudêncio, Conceição Geremias, Silvina Pereira ou o Dr. Grangeiro, apenas para citar alguns, que mesmo ocupando cargos públicos ou com agendas lotadas com responsabilidades relacionadas ao esporte receberam a mim ou a algum dos membros de minha equipe de trabalho e colaboraram contando suas histórias e memórias. Lembro ainda de outros também atarefados com suas atividades relacionadas com o esporte dentro ou fora da quadra como foi Carlão, Tande, Nakaia, Andrade, Agberto Guimarães, Carmem de Oliveira, Christiane Paquelet, Monica Rodrigues ou Evaristo de Macedo que organizaram suas agendas e pararam por cerca de quarenta minutos a 1 hora para falarem sobre suas carreiras e experiência olímpica.

Entendo que a pergunta, de forma direta ou indireta, "quanto vai custar a entrevista" indica o quão pouco se sabe sobre o valor da preservação da memória e da história. Menos se sabe sobre o valor de um trabalho acadêmico que pode produzir conhecimento para o desenvolvimento de uma atividade social e profissional que fez muitos, inclusive o autor da pergunta, ser reconhecido por aquilo que fez no passado, que como vento, pode se dissipar no esquecimento dos desavisados.

Referência bibliográfica

RUBIO, K. *Medalhistas olímpicos brasileiros: memórias, histórias e imaginário.* São Paulo: Casa do Psicólogo, 2007.

Heroínas Olímpicas brasileiras

Que a história das mulheres no esporte é uma grande aventura que mescla drama e emoção acima da média, ninguém duvida. Desde sempre essa situação envolveu luta por direitos, condições mínimas de igualdade e a superação do preconceito, seja ele racial, econômico ou de gênero. No caso do esporte brasileiro isso ganha colorido próprio em função das origens da constituição de nossa sociedade e do feminismo no Brasil. Sociedade patriarcal rural com suas tradições fincadas no poder masculino, como em boa parte do Ocidente e do Oriente, a alegação de que mulheres não podiam praticar esporte caía como uma luva para aqueles que desejavam vê-las cuidando do lar e dos filhos. Vários estudos apontam que o acesso ao esporte feminino no início do século XX era um privilégio das classes dominantes ou de imigrantes que trouxeram essa prática como um dado cultural de seu país de origem. Prova disso foi a participação de Maria Lenk nos Jogos Olímpicos de 1932, em Los Angeles. Lenk, filha de alemães, aprendeu a nadar com o pai, um grande incentivador e entusiasta da prática esportiva das filhas. A partir de sua dedicação à natação Maria Lenk entrou para a história do esporte olímpico como a primeira mulher brasileira, e latino-
-americana, a participar de Jogos Olímpicos.

O que chama a atenção para essa trajetória são as décadas que separam essa primeira participação feminina das primeiras medalhas: 54 anos! Embora a participação feminina tenha iniciado em 1932 as primeiras medalhas olímpicas conquistadas datam de 1996. Essas constatações inclusive motivaram uma pesquisa que gerou um livro intitulado *As mulheres e o esporte olímpico brasileiro* em que o Grupo de Estudos Olímpicos, da Escola de Educação Física e Esporte da USP, buscou analisar e entender os motivos para esse retardo.

E para chegar às respostas uma vez mais fiz uso das histórias de vida, metodologia que adotei há mais de 15 anos para as minhas pesquisas. Faço uso das histórias de vida simplesmente porque entendo que fatos e instituições são feitas de e por pessoas, embora nas instituições idôneas as pessoas apenas passem por elas, deixando suas marcas, sem se perpetuar no poder ou em alguma posição. Estudo as histórias de vida porque sei que uma história individual carrega as marcas do tempo e da sociedade vividos e ao mesmo tempo aponta as singularidades daquele que viveu. Para mim o narrador é único e intransferível e tudo que diz respeito a ele me interessa se narrado por ele próprio. As pistas vão se apresentando ao longo da narrativa de forma latente ou manifesta e como um bordado o desenho vai se apresentando a partir de recordações mais emocionais ou racionais. Para mim não existe nada mais precioso que uma história de vida. Tenho tanto respeito por esse método, e faço questão de reafirmá-lo sempre que posso, que um professor, talvez desconhecedor de toda a riqueza que se produz com ele, chegou a sugerir que eu desejava fundar uma religião ou dar poder demasiado a atletas. Que tolice! Ou melhor, quanta limitação e ignorância!

Hoje, 12 de dezembro de 2011, mais uma vez, pude confirmar não apenas a validade das histórias de vida, como pude comprovar o poder de mobilização gerado por elas. Nesse dia tive a honra de participar como expositora em uma audiência pública na Câmara dos Deputados, em Brasília, sobre a Mulher e o esporte com o objetivo de instituir 2013 como o ano do esporte feminino no país. Compartilhei a mesma sessão com as atletas Aída dos Santos, Jackie Silva, Leila e Amanda.

Em função das pesquisas realizadas já tinha tido a oportunidade de ouvir sem pressa a história de Aída e Jackie, que servem como exemplos ilustrativos para muitas discussões das quais participo sobre mulher e esporte no Brasil. Não posso falar da Leila e da

Heroínas Olímpicas brasileiras

Amanda porque não as entrevistei e o que sei sobre elas são notícias divulgadas por diferentes veículos de comunicação.

Aída marcou a história do esporte brasileiro por ter sido a única mulher da delegação brasileira nos Jogos Olímpicos de Tóquio, em 1964. Isso não seria nenhuma novidade se, em 1956, Mary Dalva Proença, e, em 1960, Wanda dos Santos também não tivessem sido as únicas. O que marcou a trajetória de Aída foi o fato de mesmo estando só e completamente abandonada a seu próprio destino durante a realização dos Jogos ela chegou ao 4º lugar no salto em altura, passando muito perto de ser a primeira medalhista olímpica brasileira. Desprezada pelos dirigentes brasileiros ela foi acolhida pela delegação cubana que não apenas emprestou o material esportivo que ela não tinha como ainda lhe deram cuidados médicos em função de uma lesão ocorrida durante seus treinamentos solitários em solo japonês.

Jackie por sua vez é um ícone da resistência do esporte feminino no Brasil. Figura representativa do voleibol, esteve presente na primeira seleção feminina a participar de Jogos Olímpicos, juntamente com outras atletas que marcaram época como Isabel, Vera Mossa, Dora, Lenice e Fernanda. Era a primeira vez que uma modalidade coletiva feminina participava de Jogos Olímpicos e aproveitava o sucesso da primeira geração vitoriosa do voleibol masculino que veio a conquistar a medalha de prata em 1984 e que começou a se profissionalizar e formalizar contratos de patrocínio no início dos anos 1980. Enquanto os homens decolavam para a profissionalização as mulheres eram mantidas à sombra e assistiam a tudo sem ter direito a voz e voto sobre sua imagem e resultados dentro da quadra. Jackie se rebelou contra aquilo e o preço que pagou foi com a própria carreira: cortada da seleção brasileira e impedida de jogar em clubes se viu obrigada a ir embora do Brasil, o que a levou aos EUA para jogar vôlei de praia. E foi nessa condição que Jackie entrou para a história. Tornou-se a melhor do

Psicologia, Esporte e Valores Olímpicos

mundo e veio a conquistar a primeira medalha olímpica do esporte feminino brasileiro, e de ouro.

Hoje, durante a audiência pública, ouvi uma vez mais Jackie e Aída contarem suas histórias e fiquei lembrando das inúmeras situações em que fiz uso daqueles relatos para exemplificar questões relacionadas à discriminação e superação por mulheres no esporte brasileiro. Ali também ouvi a história de Leila, que saiu de Taguatinga aos 17 anos para jogar voleibol em Belo Horizonte, mesmo contra a vontade do pai, e muitas das agruras vividas em função de sua escolha. Amanda, jogadora do futebol do Clube Atlético Mineiro, falou também com firmeza do alto de seus 18 anos, o que é ser atleta de uma modalidade que mesmo apresentando resultados expressivos continua a ser tratada como algo menor e sem prestígio quando o carro chefe é o masculino pentacampeão mundial, e que continua a perseguir o ouro olímpico nunca antes conquistado.

Percebo que a iniciativa das deputadas Luci Choinacki e Jô Moraes em nos convidar para essa audiência foi uma forma de iluminar a questão relacionada à mulher no esporte, principalmente em um momento em que as atenções mundiais se voltam para o país que sediará uma Copa do Mundo e Jogos Olímpicos. É preciso de uma vez por todas admitir a discriminação vivida pelas mulheres ao longo de décadas de submissão em geral, e das mulheres atletas em específico. E são muitos os temas a serem abordados, tais como a diferença de prêmios e patrocínios, o impedimento da prática de modalidades que contribuíram para o retardo do seu desenvolvimento, a especificidade do treinamento para as mulheres e o assédio vivido e quase nunca relatado em função do temor de represálias.

Entendo que vivemos novos tempos para a mulher na sociedade e no esporte. Tempos esses que ainda não expressam de fato a importância que as mulheres passaram a ter para o esporte brasileiro, e para isso basta ver a curva ascendente de participação nas últimas edições dos Jogos Olímpicos e os resultados obtidos

Heroínas Olímpicas brasileiras

pelas atletas brasileiras nas últimas edições olímpicas em Pequim e Londres. Mas acredito que essa é uma condição irrefutável. E espero que dirigentes, técnicos e patrocinadores tenham a sabedoria de enxergar esse cenário para não retardar ainda mais esse processo que tem rendido bons frutos. A ignorância pode ser perdoada. A má-intenção não.

Referência bibliográfica

RUBIO, K. *As mulheres e o esporte olímpico brasileiro*. São Paulo: Casa do Psicólogo, 2011.

Quanto dura um instante?

"Adoro cortinas que se abrem
Adoro o silêncio antes do grito
Adoro o infinito, de um momento rápido
O instrumento gasto
O ator aflito".

Zélia Duncan

Comecei esse texto assistindo à final Barcelona e Santos. Era início do segundo tempo e o Barcelona ganhava por 3 X 0. Vi um Santos recuado, com o semblante carregado, a responsabilidade pesando sobre as costas. Sim, afinal era a final do campeonato mundial, competição que se repete todos os anos no comecinho do nosso verão e do inverno no Hemisfério Norte, como se a emoção toda gerada ali pudesse aquecer os vários meses de frio.

Ouvi no final do jogo contra os japoneses, na última quarta-feira, que a única coisa que o Santos poderia fazer contra o Barça seria jogar para se divertir, afinal era esperado um duelo de Sansão (e não Santos x São Paulo) e Golias. Isso queria dizer o quê? Que a vitória do Barcelona já era líquida e certa? O que dizer então do locutor que falou ao menos 5 vezes que o Barça era um time de outro mundo e que não havia nada a fazer diante daquilo?

O futebol não é diferente do esporte olímpico. Tirando as quantias incalculáveis que circulam nesse comércio chamado futebol, ele envolve pessoas que competem, que vibram com a vitória e sofrem com a derrota, que dedicam suas vidas a gastar seus corpos em treinamentos sem fim, que divertem milhões mundo afora com cenas magistrais de habilidade, mas que como heróis também sofrem como os mortais.

A vitória em um jogo ou campeonato imortaliza, ainda que por alguns dias ou semanas. Ok. Em alguns casos o efeito residual de uma vitória dura muito mais a depender da equipe de marketing que está trabalhando com esse "produto". Mas, quando discuto a duração de um instante, procuro falar do ponto de vista do protagonista. O momento de uma competição que é ditada pelo cronômetro tem a precisão do instrumento que aufere aquela manifestação: sejam os 90 minutos no futebol, os quarenta do basquete, os 5 minutos do judô, os dez segundos dos cem metros rasos. Embora hoje os relógios marquem precisamente os décimos, centésimos e milésimos de segundos isso pode representar a eternidade para aquele que protagonizou a ação que permanecerá na memória daqueles que assistiram, torceram e se emocionaram com algo tão raro.

São muitos os atletas que relatam não terem lembranças da competição que eternizou alguma de suas ações. E não falo apenas das modalidades cujo imperativo é a velocidade.

A memória é muito curiosa porque retrata uma condição afetiva daquilo que é lembrado e que envolve o fato em si, a emoção que envolve o fato e o desejo (ou não) de recordá-lo. Por isso lembramos com detalhes precisos algumas passagens de nossas vidas e outras simplesmente "apagamos". Podemos chamar a isso de mecanismo de defesa, mas não é exatamente sobre isso que desejo discutir aqui. Pretendo gastar um pouco de tinta para falar sobre o significado de algum episódio que marca vidas. Falo de um momento raro, por exemplo, da vida do atleta, que por ser um figura pública protagoniza uma ação que pode significar muito para si mesmo, e também para milhões que assistem aquele episódio, às vezes magistral.

E o que é curioso, no caso do esporte, é que podemos lembrar da competição em si, dos atletas envolvidos no jogo, de passes magistrais, gols de placa e, em casos extremos, a escalação de todo o time titular e reserva. É assim que funciona a memória. Precisão cirúrgica para aquilo que interessa.

Quanto dura um instante?

Mas, faço todo esse preâmbulo para voltar ao jogo do Santos. Que lembrança teremos desse jogo daqui alguns anos ou décadas? Nesse exercício de futurologia provavelmente me lembrarei, com irritação, da afirmação do locutor esportivo de que o Barça é um time do outro mundo, e a irritação será fruto da relação que farei porque o locutor certamente quis dizer que o Santos é desse mundo, ou seja, é um time menor. Certamente lembrarei disso com irritação porque há nessa construção uma proximidade com a situação vivida pelos atletas olímpicos: eles ouvem durante quase toda suas vidas que têm que treinar e competir, mas ninguém diz a eles que chegarão a ser campeões, afinal... os outros, os estrangeiros, os americanos ou europeus, são sempre melhores, do outro mundo.

Não sou ingênua suficiente para achar que o Santos era melhor que o Barcelona. Eu assisti ao jogo e vi uma equipe impecável, um espetáculo, mas daí a desmerecer o trabalho que Muricy e os jogadores fizeram é inadmissível. Não suporto ver chutarem cachorro morto. Os mesmos que hoje narraram a condição alienígena do Barça, na última quarta-feira não cansaram de endeusar Neymar e os meninos da Vila. Por que será que o brilho se apagou? O que mudou tão drasticamente no jogo da equipe da Vila Belmiro? Vi os comentaristas mais conscienciosos dizendo que para ganhar da equipe catalã seria preciso jogar bem mais do que se jogou contra a equipe japonesa, mas que o resultado era fantástico, que Neymar era o melhor do mundo e que só não é consagrado como tal porque não joga na Europa. O Barcelona é hoje bem mais do que um time de futebol. Ele é uma escola, tanto do ponto de vista da formação de jogadores como do ponto de vista da criação de um estilo de jogar. Basta olhar para o time e ver, historicamente, como foi construído o sistema tático que prevalece até hoje. E não vou falar do Barça no qual jogaram Romário, Ronaldo e Ronaldinho, porque parecerá que só me lembro disso por causa dos brasileiros que lá jogaram. Falo de um Barcelona que marcou a história por ter amor a sua camisa sem patrocinadores, até pouco tempo atrás, que

Psicologia, Esporte e Valores Olímpicos

representa a identidade nacional da Catalunha e que não transpira a arrogância de outros times que desejam ser de outra Galáxia, mas que mal conseguem ser vitoriosos no próprio estádio.

Hoje o Santos não jogou contra um time do outro mundo. Jogou contra um time que tem identidade, mesmo em um sistema determinado pelas grandes negociações que fazem os jogadores beijarem o brasão do time sem nem saber ao certo qual é a sua história recente e ainda assim declararem que "são" dali desde criancinhas.

Neymar é sim um atleta espetacular, mas é desse mundo, um brasileiro tão habilidoso como tantos outros que não tiveram a sorte de ter um pai com "espírito empreendedor", nem empresários espertos o suficiente para transformá-lo nesse grande produto no qual ele se tornou. A começar de seu colega de equipe, Paulo Henrique Ganso.

Como assisti ao jogo no Rio de Janeiro, pelo menos não ouvi os gritos, já esperados, Chupa Peixe, a cada gol do Barcelona.

Os 90 minutos do jogo de hoje me fizeram pensar na breve eternidade do instante no mundo que vivemos e o quanto o esporte contribui para isso. Quantos atletas gastam anos de suas vidas buscando o aprimoramento técnico para chegar a competições que podem definir suas carreiras. E essas vidas são construídas de instantes de treinamentos, que somados geram quase o infinito; de instantes que valem índices ou vagas que levam a competições como mundiais ou Jogos Olímpicos; de instantes nas competições que marcarão, ou não, a própria história, a história do esporte ou do país, a depender do resultado obtido. Para depois de tudo, o público, a mídia ou o próprio atleta dizer: "não me lembro ao certo o que aconteceu", seja para poder se proteger da dor causada pelo resultado obtido ou simplesmente porque foi, de fato, tudo tão breve.

A Cesar o que é de Cesar

É fato: tenho problemas com essa época de final de ano. Não gosto de confraternizações forçadas, amigo secreto com quem não é seu amigo, votos de felicidades e sucesso de quem te apunhalou pelas costas durante os últimos 12 meses e, mais cruel, a necessidade de se fazer balanços. Tudo bem que o ano fiscal acaba em dezembro, mas todo mundo resolve fazer retrospectos, cenas dos melhores momentos, balanços de todas as ordens, homenagens e outros coisas do gênero. Aí, chega no dia 1 de janeiro e vem aquele rosário de promessas de ano-novo que quase nunca são cumpridas. Mas isso é um problema meu.

Este ano as coisas parecem ser um pouco diferentes. Não montei árvore de natal em casa... pura falta de tempo. Em pleno dia 19 de dezembro estou no Rio de Janeiro coletando dados da minha pesquisa, mesmo sob protestos da minha família que me queria em almoços, comemorações, confraternizações... Fazer o que! Ossos do ofício! E aproveitando mais uma passagem pela Cidade Maravilhosa compareci à entrega do Prêmio Brasil Olímpico 2011. Festa bonita para quem merece todas as homenagens: os atletas! O tema desse ano foi "A Jornada do Atleta". E, como em anos anteriores, foram homenageados todos os atletas que mais se destacaram em suas modalidades, bem como um técnico de modalidade individual e outro de coletiva.

Anunciado desde o começo da cerimônia o título de melhores do ano geral, um homem e uma mulher ficaram para a final, como era de se esperar. Só lamento que até na entrega de prêmio por mérito só haja uma colocação. Olhando para o trabalho e esforço de cada um, minha vontade era de atribuir outros vários prêmios àqueles que se destacaram, não apenas por seus resultados, mas pelo "conjunto da obra", quero dizer superação de adversidades, dificuldades, fossem elas da natureza que fossem. Afinal, cada um

Psicologia, Esporte e Valores Olímpicos

ali, a seu modo, do seu jeito, carregava as características do herói. Foram para a grande final quatro atletas incontestáveis: Fabiana Murer e Fabiana Beltrame, Emanoel e Cesar Cielo. Todos os quatro escreveram algumas linhas de façanhas esportivas neste ano. Todos eles realizaram conquistas internacionais elevando o esporte brasileiro alguns degraus acima do patamar anterior.

Isso não é pouco para quem viu a primeira medalha de ouro em uma modalidade feminina individual ser conquistada apenas em 2008 ou ainda quebrar a hegemonia norte-americana e australiana em provas tradicionalíssimas como a natação. E, lamentando por Emanuel e Fabiana Beltrame, assisti a coroação de Fabiana Murer e Cesar Cielo como os melhores do ano. Claro que isso não foi uma grande surpresa por conta dos feitos desses dois grandes atletas. O que surpreendeu foi o que cada um teve a dizer depois de apresentados os resultados.

Fabiana não me pareceu surpresa. Já havia conquistado esse prêmio no ano passado e sua trajetória vencedora desse ano confirmou seu favoritismo. Agradeceu a todos, pessoas físicas e jurídicas, e saiu prometendo empenho para chegar a uma boa colocação nos Jogos Olímpicos de Londres, já no ano que vem.

Na sequência Cesar Cielo começou agradecendo pelo prêmio e disse ter tentado várias vezes escrever algo para falar naquele momento, mas nada pareceu expressar completamente tudo o que ele passou no ano de 2011. A emoção o fez calar. É muito difícil dominar a voz quando as lágrimas nadam para chegar primeiro.

Nós que acompanhamos o esporte sabemos exatamente ao que Cesão se referia. Algumas semanas antes do mundial de natação em julho, um exame flagrou uma substância proibida em sua urina, levando-o a ser advertido e a ter que ser submetido a uma corte internacional que avaliou se a substância fora usada de forma intencional ou não.

A Cesar o que é de Cesar

Naquelas semanas de junho de 2011 vi de tudo pelos meios de comunicação, mais ou menos como aconteceu depois com a decisão de Santos e Barcelona. Observei experts dando veredictos duvidosos, corneteiros avaliando a relação substância x performance como doutores na matéria e também vi alguns profissionais, que de alguma forma, em algum momento tiveram contato com Cesar tentado prestar solidariedade e apoio, ainda que apenas moral. E após a confirmação do veredito Cielo foi para a piscina e conquistou aquilo que lhe era devido, mostrando ao mundo o profissionalismo no qual se fundamenta sua carreira, agindo com a maturidade e determinação de um sábio.

As lágrimas de hoje certamente estavam guardadas desde lá. Após o resultado do tribunal não havia tempo para elaborações, nem elucubrações. Por uma questão de honra era preciso mostrar dentro da piscina que aquilo tudo não passava de uma armadilha do próprio sistema, que muito bem poderia ter acabado com a sua carreira. E com a convicção de que nada havia sido feito de errado, a vitória e as medalhas se incumbiram de por as coisas em seus devidos lugares... aparentemente. Quem alguma vez na vida passou pelo constrangimento de ser acusado por um crime não cometido sabe o que Cielo sentiu naquelas semanas. A injustiça apunhala os sensíveis, é uma sangria que não estanca prontamente e como uma dor profunda, mesmo que diagnosticada a sua cura, ela ainda deixa as marcas do efeito moral pela exposição pública e pela necessidade de se provar inocência. Ainda que a lei indique que somos todos inocentes até que se prove o contrário temos assistido com frequência nos últimos tempos o quanto de recursos e energia somos obrigados a mobilizar não apenas para nos defender de uma injustiça, mas também para provar nossa idoneidade construída com o trabalho árduo de muitos anos.

Claro ficou para nós, que estávamos assistindo a tudo, quanto choro e quanta angústia Cesar Cielo teve que engolir em 2011 para enfrentar as tantas provas, dentro e fora da piscina. Para mim o

Psicologia, Esporte e Valores Olímpicos

prêmio dele não foi apenas pelas medalhas e títulos esportivos conquistados. Foi antes de tudo por sua batalha para se mostrar um atleta limpo e determinado. Que trabalha arduamente para chegar às marcas que tem e o faz com o espírito do artesão que a cada dia lapida um pouco mais sua peça buscando a perfeição. E consciente de seu papel e competência faz isso à exaustão porque quer estar entre os melhores, sem precisar fazer uso de meios ilícitos ou imorais. E sem ter vergonha de admitir que é um dos melhores do mundo.

Ao final de tudo Cesar encerrou seu discurso dizendo que aquele troféu era o carinho que ele precisava receber para mostrar que ele estava de volta.

Desculpe te corrigir, Cesão. Como é que você pode estar de volta se você nunca que se foi? Posso imaginar que seu coração já deva estar tranquilo agora que tudo acabou, que o ano chegou ao fim, que seus êxitos foram coroados com os prêmios merecidos pelo seu trabalho, que você está partindo com sua família para desfrutar de férias mais do que merecidas, mas principalmente porque sua inocência foi reconhecida e premiada.

Ah... como eu gostaria de ver outros Cesões no esporte brasileiro, com essa nobreza de caráter, com esse amor pelo trabalho e com essa determinação em ser melhor a cada dia.

Nessa noite nenhuma outra frase seria mais apropriada: a Cesar o que é de Cesar, ou seja, o direito a quem tem, e não a quem só o deseja. Parabéns Cesão. Que esse ano também possa te trazer boas lembranças por tudo aquilo que te foi possível aprender. E, sempre alerta! Fariseus há por toda parte disfarçados de todos os tipos.

O que esperar de 2012

Desde que me conheço por gente o primeiro dia do ano é marcado por promessas dos mais variados níveis: de pactos para emagrecimento à busca dos sonhos impossíveis, já ouvi de tudo. Agora com as redes sociais pude constatar que a loucura de se prometer o impossível de ser cumprido é muito maior do que eu podia imaginar. Sem contar que será inevitável: depois do dia primeiro virá o dia 2 de janeiro... e a vida continua. E ainda vaticino: o mundo não acabará, embora os arautos do apocalipse insistam nessa paranoia! Provavelmente no dia 12 de dezembro os mais espertos verão seus ganhos aumentarem substancialmente prometendo o Paraíso (que não é o bairro próximo ao começo da Av. Paulista, em São Paulo), o Nirvana (com ou sem Kurt Cobain) ou simplesmente a vida eterna.

Mas, 2012 para mim tem um significado especial por ser ano olímpico. Incrível pensar que já se passaram quase 4 anos do final dos Jogos Olímpicos de Pequim. Ainda lembro o impacto daqueles 8 minutos que os organizadores dos Jogos de Londres tiveram para apresentar uma dose sintética do que irá ocorrer em 2012: o ônibus de dois andares embalado por Whole Lotta Love. Chapei! Estariam as tradições sendo postas a prova, justamente na terra onde grande parte das tradições contemporâneas foram criadas? Se considerarmos o Movimento Olímpico em si como uma tradição inventada em grande parte pelos ingleses no final do século XIX, 2012 poderia significar a busca de uma reinvenção ou ressignificação do Olimpismo. Antes que alguém me corrija sobre a criação dos Jogos Olímpicos por Pierre de Coubertin, recomendo a leitura de suas obras completas onde ele fala de forma melancólica a importância e o papel que os ingleses exerceram para a estruturação do Movimento Olímpico e o que isso representou para questões como o amadorismo e o profissionalismo na estrutura olímpica

Psicologia, Esporte e Valores Olímpicos

entre outras coisas. Estrategista que era, ele sabia que não podia prescindir do apoio dos inventores do esporte moderno, tanto no que se referia a organização institucional do esporte amador, dos *gentlemen*, do esporte profissional que se referia a uma prática corporal de movimento daqueles que trabalhavam para ganhar a vida. Ao optar pelos aristocratas amadores, Coubertin fez uma escolha que determinou os rumos do esporte olímpico que hoje temos e que cerca a vida de nossos atletas até o presente.

Quando vi aquela apresentação em Pequim e, algum tempo depois, o logotipo pós-moderno que rompeu com os paradigmas olímpicos, tive a impressão de que mais algumas surpresas poderiam ocorrer em 2012.

O fato de Sebastian Coe estar à frente do Comitê Organizador ajudou a reforçar essa impressão. Estariam os atletas ocupando de fato e de direito o protagonismo que marcou suas vidas competitivas e que deveria ser dignamente aproveitado na vida pós-atleta?

Agora que chegamos a 2012 vejo que meu otimismo não contava com todas as voltas que o mundo podia dar nesses últimos 4 anos, nem a crise que assola o mundo e, particularmente, o continente europeu. Londres se esmera em produzir Jogos que entrem para a história como politica-ambiental-e-socialmente correto. E aí também se observa a tentativa em alterar o curso de uma história que perpetuou tradições, colocando a aristocracia à frente da organização de uma atividade humana que desde sempre deveria ser para todos, mas que privilegiou os semelhantes, fosse na prática competitiva ou no comando das instituições fomentadoras do esporte.

Mas, como canta Lulu Santos, "eu vejo a vida melhor no futuro; eu vejo isso por cima do muro; de hipocrisia que insiste em nos rodear".

Quero crer, depois das muitas denúncias de corrupção que envolveram esses mesmos dirigentes aristocratas que, em tese,

O que esperar de 2012

seriam os guardiões dos ideais e valores olímpicos, que vivemos momentos de resgate daquilo que moveu e motivou alguns em um momento em que o mundo precisava de liberdade, igualdade e fraternidade. Entendo que a busca pelo envolvimento dos atletas nas atividades fins do Olimpismo é uma forma de se pagar essa dívida que o esporte tem para com seus heróis, afinal, não há olimpismo sem o esporte praticado por esses seres humanos fora da média que tornaram-se o símbolo vivo de um estar-no-mundo. Entendo que a luta de classes que separou ricos e pobres da prática olímpica no começo do século XX possa de fato ser superada nesse século XXI. Afinal, embora o movimento olímpico tenha sempre se manifestado contra o racismo, nunca conseguiu se posicionar claramente contra a discriminação de classe social. E assim os mais pobres, fossem eles indivíduos ou países, historicamente ocuparam papéis de coadjuvantes em uma festa marcada pelo glamour dos poderosos.

E os atletas brasileiros, em sua grande maioria, se viram ao longo desses quase cem anos de participação olímpica nessa posição. No século passado éramos, primeiro, o país latino-americano, subdesenvolvido que tinha a pretensão de ser tão importante e imponente quanto seu território fazia supor, mas que não contava com mais do que algumas poucas dezenas de atletas em sua delegação. Depois, passamos a ser um país em desenvolvimento, que no cenário olímpico provou isso multiplicando sua delegação nos últimos vinte anos, sem apresentar, porém, os resultados esperados para uma nação com essa proporção.

E agora, começado esse ano de 2012, com o mundo em crise, a representação brasileira chegará aos Jogos Olímpicos representando uma nação respeitada por sua potência territorial, econômica e por uma democracia, com problemas sabemos todos, mas que busca seu próprio estilo de se posicionar no mundo. Nem melhor, nem pior que os outros. Apenas diferente.

Psicologia, Esporte e Valores Olímpicos

Não acredito que estaremos entre as dez potências olímpicas ainda esse ano. Isso não se dá por acaso, vontade própria ou por decreto. Assim como ocorre com o cultivo de qualquer plantação é preciso preparar a terra, escolher bem a semente, o adubo, torcer para que não chova muito, nem pouco. Colaborar com a natureza buscando toda tecnologia de que se dispõe e que ainda podemos aprimorar. E aí sim, teremos uma ótima colheita. Se quisermos medalhas olímpicas, símbolo da excelência do esporte em um país, é preciso cuidar de todo esse processo, ou mais uma vez iremos aos Jogos para fazermos outros brilharem.

Se já superamos a condição de emergentes em outras esferas é hora de fazermos isso também no esporte. Pena eu não ter visto em nenhum perfil do facebook nesse dia primeiro de janeiro resoluções de ano-novo que se referissem a determinação em fazer mais investimentos no esporte, com planejamento de longo prazo e demais condições que favorecessem o lugar que o Brasil deve, por obrigação, ocupar em 2016.

E, para fechar, volto a Lulu Santos que vê um novo começo de Era; de gente fina, elegante e sincera; com habilidade pra dizer mais sim do que não. Se tivermos isso, de fato, e não apenas como resolução de ano-novo, talvez cheguemos a Londres para ser protagonistas, e não coadjuvantes, desse que deve ser o grande espetáculo desse ano.

Quando falta inspiração

Outro dia, conversando com um colega sobre a dificuldade que estava para escrever um texto, fui obrigada a ouvir a seguinte pérola: relaxa – escrever para você é como comer alface... fácil, fácil. Até hoje não sei se ele queria me ajudar ou se aquilo era um indicador da banalização dos fazeres profissionais mundo afora. Depois daquilo passei a observar como a crítica à realização alheia é muitas vezes leviana. Quase sempre o pensamento circulante é: eu não sei fazer o que ele faz, mas, certamente, aquilo ali não deve ser tão difícil assim, afinal, se ele está fazendo qualquer um com um pouco de treino faz.

Alguns atribuem a Einstein a célebre frase de que a física teórica moderna é uma operação que envolve 10% de inspiração e 90% de transpiração. Mario Vargas Llosa também foi nessa direção, mas preferiu creditar a Bernard Shaw a fórmula para o talento, usando novamente as mesmas proporções: 10% de talento para 90% de transpiração. Não vou querer discutir a autoria da frase porque qualquer um dos três gênios citados acima é mais do que merecedor da paternidade da ideia. O que me agrada é discutir como as realizações são fruto de muito esforço, combinado com obstinação e criatividade. Seja na escrita de um texto, na execução de uma obra ou na construção de uma carreira esportiva.

Mas, é preciso muito tempo até que o sujeito se poste diante da tarefa para perceber o quanto de transpiração é necessário para que se consiga chegar a um produto. Observo isso com meus orientandos, da graduação ao doutorado, com muita frequência. Vejo em nossas reuniões semanais o quanto o verbo flui em seu formato oral. Não estou negando, nem tampouco desprezando o quanto gastamos de energia produzindo ideias em muitos de nossos "torós de parpites", como diria o matuto. Esse foi um dos motivos pelos quais passamos a gravar nossas tertúlias acadêmicas.

Psicologia, Esporte e Valores Olímpicos

A profusão de pensamentos é tamanha que começamos a perdê--los após algumas semanas pela falta de registro. Mas, daí a isso se tornar conceito, texto, tese há uma longa jornada que requer muito suor, tolerância a frustração e humildade. Só passamos a saber que pouco sabemos quando nos colocamos diante do Saber, com maiúscula. Para minha felicidade tenho recebido alguns produtos que atestam esse casamento perfeito entre a inspiração e a transpiração.

Pois bem. Essa máxima obviamente transcende o campo da produção acadêmica.

Há anos atrás eu e minha parceira de longa data de Psicologia do Esporte, Luciana Angelo, trabalhávamos com uma equipe infanto de beisebol. Nosso projeto de intervenção com essa faixa etária envolvia obrigatoriamente os pais, uma vez que não é possível lidar com um jovem atleta, que está sujeito a toda a potência das mazelas familiares, ainda mais se ele for originário da classe média, que de uns anos pra cá resolveu lavar as mãos sobre a educação dos filhos, delegando-a a qualquer pessoa que tenha alguma relação com o jovem, seja na escola ou no esporte. Essa isenção tem levado a absurdos que beiram a total falta de limites das crianças, passando pelo desrespeito em relação aos outros (sejam eles mais velhos ou não) e uma inadequação ao mundo, afinal esse pedaço de terra onde vivemos é habitado por muitos mais do que caberiam dentro de nossos corações. Nesse nosso projeto de intervenção sempre reservávamos tempo para uma reunião mensal com os pais, onde avaliávamos o desempenho e atitude das crianças dentro e fora do campo. Era o momento em que também aproveitamos para dar, sutilmente, alguns puxões de orelhas nos pais mais afoitos, impetuosos, mandões, impacientes, desleixados, descuidados e outros tantos atributos tão comuns nas arquibancadas de espaços de competições esportivas.

Estávamos atentas ao comportamento de alguns pais que, na condição de torcedores, eram desrespeitosos não só com o próprio

Quando falta inspiração

filho, mas também com os colegas de equipe e com os adversários. Lembro de uma ocasião em que um pai, mais verbal que a média, chegou a dizer que achava inadmissível que se perdesse uma bola na mão, que aquilo era desatenção e falta de compromisso com o jogo. Motivadas por esse pensamento, na reunião seguinte dos pais, simulamos uma situação de treino e pusemos os pais vestindo os equipamentos todos, fazendo-os correr, receber e arremessar as bolas, com os filhos sentados na arquibancada assistindo a tudo e torcendo. O resultado foi muito positivo, uma vez que a partir dali alguns genitores passaram a valorizar o esforço dos filhos, observando a sutileza dos movimentos em campo, de uma bola com efeito e a dificuldade de se chegar ao final de um jogo com a vitória.

Como tudo parece fácil quando realizado e executado pelo outro!

De um texto de meia folha a um triplo mortal carpado tudo beira a banalidade quando não se respeita o esforço despendido nessa operação. Somente seu realizador é capaz de dimensionar o esforço gasto em uma tarefa vitoriosa, daí a emoção que muitas vezes nos toma quando chegamos ao final de uma empreitada bem-sucedida.

Ouço na narrativa de atletas medalhistas como foram suas trajetórias até chegarem à medalha. Alguns lembram os mínimos detalhes de toda a jornada e concordam com o entendimento da brevidade do instante do coroamento de todo o esforço. A subida ao pódio, o recebimento da medalha, das flores, em caso de primeira colocação alguns segundos com os acordes do hino nacional e fim. Passou. Acabou. São mais de dez anos de trabalho árduo, diário para acabar tão rápido...

Talvez seja essa brevidade que leva o senso comum a achar que "isso é fácil". Afinal o que é um "ace"? Alguns podem responder: foi apenas um saque bem dado, impossível de ser recebido com sucesso pelo adversário. Pois é. O atleta que treina e compete sabe

Psicologia, Esporte e Valores Olímpicos

quantas horas foram necessárias para fazer aquela bola ir naquele canto da quadra ou da mesa, e não em outro. Sabe avaliar com precisão qual o peso, a textura, as ranhuras daquele objeto que será o intermediário entre o seu "sucesso" e o "fracasso" de seu adversário.

E no limite dessa discussão ainda estão os críticos invejosos, inconformados com a habilidade alheia, a dizer que "ganhando o que eles ganham eu também faria o mesmo".

Mas, talvez a transpiração mais suada e sentida que eu tenho visto é aquela que escorre do rosto dos que não subiram ao pódio. Tanto quanto os medalhistas, foram gastos muitos anos em treinamentos, abdicação e adiamento de planos para que uma partícula adversativa tivesse que ser usada para justificar o resultado: mas, porém, contudo, todavia, no entanto, entretanto, não obstante, senão etc. E na sequência o fato para justificar o que deu errado. Ouço situações que vão do *overtraining* à política rasteira para justificar o insucesso, relegando os 10% de inspiração à condição de azar ou de um mal dia.

É doloroso que depois de tanto esforço ainda essas pessoas tenham que buscar justificativas para o malogro de seu projeto de vida. É perceptível observar quanta energia é gasta na organização das lembranças para se tentar entender onde o plano falhou.

A depender do momento da carreira, o dia seguinte é só mais um dia de trabalho. E independente da inspiração estar 100% em seus 10% na conta do talento, é preciso persistir. Isso vale para o atleta, para o pesquisador, para o mestrando ou doutorando que escreve a sua tese. Cada linha de um texto, cada passo na pista ou cada bola arremessada representa parte dos 90% de transpiração que levam a genialidade. Qualquer grande obra é o resultado de muito trabalho, de um esforço sobre-humano para se sair da média na tentativa de se alcançar a imortalidade que nos cabe em nossa finitude. Seja em um artigo, um recorde ou uma medalha olímpica.

Obrigação, desejo, necessidade, vontade

Acompanho de perto alguns grupos de atletas profissionais com diferentes origens e estruturas de carreira. Isso me faz refletir sobre as disparidades que envolvem essa atividade profissional ainda tão nova nesse país em que o amadorismo ainda prevalece na condução do fazer esportivo. Como não poderia deixar de ser isso remeto a minha própria história quando a perua do clube ia buscar a várias colegas e a mim na porta da escola onde estudávamos para treinar, três vezes por semana, a alguns quilômetros de nosso bairro. Ao final do dia, satisfeitas, ganhávamos um misto-quente. Uniforme só era usado em dia de jogo.

O máximo que se podia almejar era uma bolsa do "Adote um atleta" onde algumas empresas exerciam uma espécie de mecenato, contribuindo assim para o desenvolvimento do esporte brasileiro. Essa é a pré-história do esporte profissional na cidade de São Paulo. E nós, apaixonadas pela competição, por treinar e jogar, independente do dia da semana ou mês do ano, buscávamos por uma quadra e pessoas para jogar mesmo que não nos conhecêssemos anteriormente.

Ok. Alguns dirão que essa era a fase romântica do esporte e eu concordarei. Mas, não esqueço de disputas de Campeonatos metropolitanos, municipais e estaduais onde ginásios como o Baby Barione, no DEFE da Água Branca, ficavam lotados com muito mais que os familiares dos atletas. Lá aprendi o significado da expressão "dar o sangue". Ou seja, tínhamos pouco ou quase nada e dávamos um show dentro de nossas limitações técnicas e estruturais. Não raro os desavisados me falam: "Imagine se vocês ganhassem para isso?"

Psicologia, Esporte e Valores Olímpicos

Depois de 17 anos atuando como psicóloga do esporte tenho dúvidas se o dinheiro nos faria diferentes, para melhor.

Assisto no presente uma condição de vida para atletas jovens e maduros "como nunca antes na história desse país". Isso é fato. Vejo sobrar coisas básicas como tênis, bermudas e camisetas, itens dos mais cobiçados há três décadas. Assisto maravilhada a facilidade de intercâmbio onde a possibilidade de ir e vir em menos de quarenta horas comprova que o mundo realmente ficou plano. Isso também levou a uma democratização do treinamento. Hoje não há segredos sobre o que se faz "do outro lado do mundo". E o resultado é uma possível elevação da autoestima de nossos atletas que passam a se sentir mais competentes em relação a si próprios e mais confiantes em relação aos estrangeiros.

E diante disso seria de presumir que vamos muito bem, obrigada.

Mas, infelizmente, a resposta é não. Talvez o esporte se confirme como o palco das dramatizações sociais, como diria Roberto da Matta. A crise geracional tão bem identificada em outras atividades sociais se manifesta de forma evidente nessa, que por mais de um século viveu da perseverança e boa vontade de alguns abnegados que acreditaram no esporte como uma estratégia para dar uma formação diferenciada à juventude e, quem sabe, mudar o mundo.

Falo tudo isso para tentar elucidar o enigma em forma de discurso: "o esporte é para mim apenas uma obrigação".

Recentemente participei da avaliação de um grupo de atletas profissionais, olímpicos e futuros olímpicos, e constatei estarrecida a insatisfação de um atleta que se ainda não sabe o que quer da vida, pelo menos sente que não é o esporte a razão da sua existência. E por que ele então continua? Pelo primeiro motivo apontado pelos estudiosos da iniciação esportiva: porque os pais assim o querem. O que espanta é que embora a literatura nos mostre isso, custamos a acreditar que essa situação de fato ocorre e os danos que isso

Obrigação, desejo, necessidade, vontade

pode causar na vida do jovem. Os desdobramentos disso para o esporte são óbvios: maus resultados, competições burocráticas e ausência do combustível básico da prática esportiva – a emoção. Assim como ocorre com médicos, advogados, engenheiros e tantos outros profissionais que determinam a vida futura do filho, como se fosse uma dinastia, é comum que pais que tenham tido uma experiência frustrada no esporte depositem em seus filhos seus desejos... e suas frustrações. Por vezes, deem aos filhos a chance de serem o que simplesmente desejam.

Sim, temos que admitir: nem todo mundo gosta de praticar esporte, nem deseja ser atleta profissional! Falo aqui de uma situação em que o atleta ainda não ganha nada para jogar. Diferente de um time juvenil em que os atletas já ganham muito mais do que muitos profissionais que passaram grande parte de suas vidas estudando para o exercício de uma função. Não sou contra uma boa remuneração para alguém que se dedica a fazer benfeito o que escolheu para ser sua profissão. Fico sim indignada com aqueles que diante do ganho certo acomodam-se, escondem-se de sua obrigação e deixam no ar a justificativa de que "meu contrato me protege". E se eles são para a sociedade um ideal de identidade para muitos jovens não atletas imaginem o que isso representa para tantos. Essa postura também dificulta a vida daqueles que vivem do esporte, reforçando uma representação social de que atleta é burro, mal instruído e vagabundo, que leva uma vida fácil, afinal é apenas jogar bola, viajar, conviver com celebridades e desfrutar do que há de melhor mundo afora. Quantos anos mais vamos ter que trabalhar pra formar atletas competentes não apenas do ponto de vista motor, mas também cognitivo, afetivo, moral e da cidadania? Dá pra imaginar alguém ser "obrigado a jogar bola e ser bem remunerado para isso"?

Nessa cabeça limitada por uma história construída no século XX, não. Vou ter que alterar, em breve, um recurso didático que uso em aula, para provocar debate, em que pergunto se ali alguém conhece alguém que é bancário mas que não gosta de ser bancário. A reposta é sempre afirmativa. E então derivo para a engenharia, a administração, a psicologia, a química, até chegar ao esporte. Quase nunca encontro quem afirme conhecer um atleta profissional que seja insatisfeito com o que faz. Mas, diante das transformações que o esporte vem sofrendo isso já não é tão raro assim. Afinal, desde que o esporte se tornou uma profissão e uma possibilidade de ascensão social, muitos pais e responsáveis passaram a ver seus filhos como *commodities*. E nesse jogo vale qualquer investimento para a valorização do produto. Eles só não sabem que os filhos, temerosos de perderem o amor familiar, vão então em busca da realização do sonho de seus genitores, mesmo que isso represente a sua própria infelicidade. Não bastasse isso, a sedução exercida por um ambiente construído para levar a uma atividade glamorosa ajuda a disfarçar a insatisfação ou a frustração de planos outros, afinal, estar no esporte significa ser competitivo, viril, características ultramodernas.

Espero poder continuar a trabalhar com profissionais que enxergam essas discrepâncias e paradoxos e buscam estratégias para colocar "o bonde nos trilhos", respeitando os sonhos de jovens que têm planos para o futuro, vontade de construir coisas e contribuir de alguma forma para deixar sua marca no mundo. Espero também encontrar mais pais que escutem de fato as demandas dos filhos e ajudam na realização de seus sonhos, sejam eles relacionados ao esporte ou não. E assim teremos, certamente, *mens sana in corpore sano!*

Ciclos que se repetem

Ano-novo, vida nova.

Essa é a frase que mais costumamos ouvir no mês de janeiro, independente do ano. Ela pode ter diferentes significados, a depender de onde parte a comunicação. Vejo em casa, por exemplo, no que se refere ao ano escolar. Se as crianças foram mal, ficaram de recuperação e sofreram para alcançar o novo estágio, ouço a frase profética como se fosse um misto de promessa e desejo: "espero não passar por tudo isso outra vez, então vou começar do começo pra fazer tudo direitinho". Há também as situações que remetem ao desejo de mudanças profundas que não foram realizadas nos anos anteriores. As mudanças podem se referir à perda de peso, troca de emprego, de casa, de casamento, de profissão ou de vida. O ano-novo é prenúncio de que coisas novas podem acontecer quase de forma mágica, afinal, basta olhar para a folhinha ganha na farmácia, no mercado ou no açougue para se ter a certeza que o velho ficou para trás e o novo está adiante, cheio de possibilidades. Ano-novo, vida nova.

A linearidade com que nos acostumamos a lidar com o tempo, por conta dos calendários impressos, folhinhas e agora os muitos avisos de tempo que temos das maquininhas digitais – relógios, telefones, computadores – faz com que nos distanciemos daquilo que é próprio do tempo cíclico, ou seja, as passagens inexoráveis sejam as 24 horas diárias, os 7 dias da semana, os trinta dias do mês, os 365 dias do ano, que de 4 em 4 anos (como uma Olimpíada) ganha um dia a mais, reforçando a ideia de ciclo. E assim, mudam as estações do ano e temos uma noção aproximada do que está por vir, seja a primavera ou o inverno, muito embora não tenhamos qualquer noção do que ocorrerá além das flores ou da queda das folhas das árvores.

Psicologia, Esporte e Valores Olímpicos

Tenho predileção por uma música do Renato Russo cujo título manifesta a recorrência e o inesperado do tempo. Seu título é "Por enquanto" e o início da letra diz o seguinte:

"Mudaram as estações, nada mudou
Mas eu sei que alguma coisa aconteceu
Tá tudo assim tão diferente
Se lembra quando a gente chegou um dia a acreditar
Que tudo era pra sempre
Sem saber, que o pra sempre, sempre acaba..."

Pois bem, assim como as estações, as festas de aniversário, de namoro, casamento etc. o nosso calendário esportivo também é cíclico, muito embora ele às vezes costume ter mais constância. Vai ver são as mudanças climáticas que também afetam o fazer competitivo. Não tem sido assim com os verões mais chuvosos, os invernos mais secos ou as primaveras mais frias? Pois bem, cada novo ano pode trazer surpresas para espectadores e profissionais do esporte. Calendários mais longos ou concentrados, novos times, atletas, no limite alguns técnicos, mas quase nunca novos dirigentes... Parece que para isso o ciclo é como de alguns cometas decanos ou centenários... mas, esse texto não tem por finalidade se ocupar desse tema.

Nesse final de semana teve início o Campeonato Paulista de Futebol. Embora eu não me ocupe de escrever com frequência sobre esse tema, não posso deixar de me manifestar sobre esse fenômeno que mobiliza a vida de milhões de paulistas e brasileiros. Tivemos ontem a primeira rodada do campeonato com Corinthians x Mirassol e hoje teremos São Paulo x Botafogo de Ribeirão Preto. Não vou entrar na discussão do absurdo da falta de transmissão de todos os jogos porque senão gastaria o espaço dedicado a discutir o tema proposto e ainda seriam necessárias muitas outras semanas para não chegar a nenhuma conclusão. Sem

Ciclos que se repetem

contar que essa semana acompanhei de perto as mobilizações contra o projeto de lei nos EUA que buscava regular (ou censurar) as mídias digitais, o chamado SOPA. Digo isso porque, se proibido ou não, o fato é que todos os jogos puderam ser acompanhados pela internet, a mesma mídia que nos possibilitou um pouco de liberdade com qualidade na cobertura dos últimos Jogos Pan--americanos, em Guadalajara.

Pois bem. Isso para dizer que os ciclos se repetem. O campeonato começou e quando abri o jornal essa manhã vi lá estampadas inúmeras matérias falando dos jogos de ontem e os de hoje já lançando projeções sobre o final do campeonato. Parei para pensar um pouco no que estava lendo e se de fato era mesmo a primeira rodada do campeonato. Sim, era. Entre surpresa e perplexidade li os textos que apresentavam os erros e acertos de técnicos e jogadores, as expectativas sobre o desempenho de atletas, as reclamações pela falta de reforços que garantirão o título desejado há anos etc. etc. Incrível como as notícias permanecem as mesmas mesmo quando se tem fatos novos.

Por que será que as coisas têm que ser assim?

Fiquei pensando nos tantos fatos que aconteceram nas últimas semanas que poderiam resultar em matérias interessantes para tingir o papel. Histórias de superação de atletas, técnicos e times que iniciam uma temporada sempre com a esperança de que "esse ano será diferente". Mas não. A análise do jogo vem carregada das expectativas do que ocorreu no ano passado, tanto para os que ganharam como para os que perderam. É como se o jogo descrito, comentado e avaliado não fosse o mesmo que vi em tempo real. Foi o primeiro de muitos jogos desse ano, como foi no ano passado, como será no próximo ano.

Oras, se é tudo tão igual, o que muda então?

A resposta é óbvia: a leitura mais próxima possível do que ocorreu no momento. Um cruzamento benfeito, um belo toque na area, uma ótima defesa do goleiro, uma jogada perfeita que levou ao gol. Só isso.

Pensei no quanto eu desejava trabalhar com esporte quando estava na faculdade de jornalismo. Lembro do desgosto de alguns colegas que escolheram essa área pela discriminação sofrida em relação a editorias mais nobres como a economia ou política. Chegava ao esporte aqueles que iam sobrando pelo caminho e isso servia de justificativa para a pobreza que reinava no jornalismo esportivo. Felizmente esse cenário mudou. Vejo jornalistas cada vez mais bem preparados para desempenhar o seu ofício, o que conferiu um novo status às editorias esportivas. Mas, a espetacularização do esporte, menos do que sua competitividade, tem levado parte do jornalismo esportivo a perder novamente seu rumo, sua identidade. Vejo faltar informação e sobrar "entretenimento". Ao se confirmar isso, temo pelo que efetivamente poderemos saber sobre o que se passa para além do resultado de um jogo. Afinal, jornalismo é feito para nos informar, ou isso também teria mudado no último ciclo?

Penso que o jornalismo esportivo poderia ser assim, tão simples quanto as estações do ano. Basta olhar para uma azaleia cor-de-rosa no mês de setembro e se saberá que é primavera, ou para as quaresmeiras lilases em abril para saber que já é outono ou os ipês amarelos para saber que o inverno está no fim... mas, embora tudo isso seja tão óbvio, não há nada mais maravilhoso do que se deparar com alguma dessas belezuras para encher a alma de ânimo pela efemeridade daquela florada. Só mais uns dias e apenas o marrom do tronco e o verde das folhas persistirão. Mas, assim como é certo o raiar do dia, no ano que vem lá estarão elas para mais um ciclo. Assim como nossos campeonatos.

O ano do dragão, videogame e MMA

É muito bom sair um pouco da rotina para poder enxergar o que está tão perto de nossos olhos, mas acostumados que estamos com o cotidiano já não somos capazes de enxergar as coisas mais óbvias. Dizem que foi assim com os grandes inventores e descobridores de todos os tempos. Isso ocorre com frequência quando trabalhamos sobre um texto. Escrevemos, lemos, apagamos e refazemos tantas vezes que já não enxergamos mais os erros, as palavras e ideias repetidas e as conclusões que, não raro, estão logo ali, diante de nosso nariz, com uma tiara de neon e uma melancia no pescoço. Então, chega alguém de fora, lê, elogia e aponta a conclusão – não escrita – que esteve sempre ali. Por isso tenho por hábito deixar meus textos "fermentarem", como a gente faz quando amassa pão. Sempre achei mágico aquele processo todo: água quente para fazer o fermento "acordar", depois um ovo, um pouco de óleo ou margarina e aí a farinha... uma, duas, três xícaras e amassa, amassa e amassa mais um pouco. Volta pra tigela, já como uma bola com aquele cheiro próprio do fermento que está agindo, coberto com um pano sequinho em um lugar quente e sem vento. E daí vem o milagre: depois de cinquenta minutos lá está aquele produto vivo e dinâmico que para ser assado precisa ser uma vez mais amassado e formatado para ir ao forno. Realmente, fazer pão e escrever são coisas muito parecidas. E assim como posso escolher diferentes farinhas e líquidos para fazer pães com diferentes sabores, posso escolher diferentes palavras e formas de escrever para expressar minhas ideias.

Hoje, enquanto cozinhava, pensava no fenômeno MMA e UFC.

Não pretendo aqui fazer reflexões moralistas acerca das lutas, principalmente após orientar uma tese de doutorado sobre a genealogia do judô brasileiro, de Alexandre Velly Nunes (2011), leitura obrigatória para estudiosos e amantes das artes marciais. Uma preciosidade, posso afirmar. O que tento entender é o que acontece com uma sociedade, em pleno século XXI, com tantas inovações e avanços no campo das ciências biológicas e sociais, reproduzir comportamentos anteriores ao nascimento de Cristo. Tentarei me explicar melhor.

Observo que as lutas exercem grande fascínio, principalmente entre os jovens. Não é por acaso que as encontramos em inúmeros seriados infantis de National Kid a Power Rangers, o que atesta a atemporalidade desse fenômeno. Penso também que o imaginário envolvido nas lutas acaba por evocar um universo mítico que permite emergir toda ordem de criaturas monstruosas, como bem observamos nas diferentes séries que ano após ano se repetem em diferentes emissoras. Vale ressaltar que em todos episódios das diferentes séries o que prevalece nos roteiros é uma estrutura maniqueísta onde, obviamente, os mocinhos ganham dos terríveis vilões, sejam eles seres de outro mundo, uma figura mitológica ou um ser humano com poderes supremos, quase sempre aniquilando-os, destruindo-os, restituindo em seguida a humanidade do aniquilador.

Afirmo que esse tipo de produção nunca exerceu sobre mim qualquer fascínio, mesmo quando eu era garota e o "Nachonaro Kido" passava na sessão Zás-Trás. Mas, acho que eu não sou das melhores referências para isso porque a TV nunca me encantou. Até que meu filho Toshihiro surgiu. Gerado em um mundo de tecnologia acessível e virtual, desde cedo, mas muito cedo mesmo, ele se envolveu com o mundo dos games. Lia, jogava, colecionava publicações e ainda no ensino fundamental era uma espécie de consultor para assuntos "jogos" em sua escola. Tentei por muito tempo incentiva-lo a buscar jogos próximos do RPG, mas é claro que os mais desejados eram aqueles que envolviam lutas. Lembro como ficava irritada com os jogos violentos (e depois descobri que não eram apenas os de lutas) e a situação limite do "Ih. Morri". Sentia aquilo como a banalização da morte, da finitude e um desrespeito pela situação do embate contra um oponente, fosse ele mais forte ou fraco. Percebo hoje que a lógica que me movia e me mobilizava era aquela praticada no "do", entendida como caminho.

Agora sei que Gigoro Kano tentou evitar a inclusão do judô no programa olímpico por conta de um receio concreto que seu "caminho da suavidade" se tornasse apenas uma competição. Por entender que o judô era um caminho para muitas coisas, principalmente para a educação, Kano evitou o quanto pôde fazer da luta apenas uma briga. Isso porque as referências culturais que trazia do Japão davam a ele uma dimensão própria do que eram as lutas para seu país em diferentes momentos históricos em que elas se desenvolveram. Como aponta Nunes (2011) a formação dos monges chineses e coreanos e a classe dos Samurais são alguns exemplos bem conhecidos da formação de lutadores nessas regiões. Nesses locais, a formação para o combate quase sempre esteve associada a rituais religiosos, ao estabelecimento de padrões de comportamento e a uma ética particular. Para o treinamento utilizavam-se formas mais brandas e menos violentas de combate, daí a transição para o esporte.

Hoje a tarde fui assistir às comemorações da entrada do ano--novo chinês, o Ano do Dragão, no Templo Zu Lai, próximo a Cotia, em São Paulo. E todos os macaquinhos do meu sótão que andavam por lá adormecidos resolveram dar o ar de sua graça. Entre a dança do dragão, dos leões, apresentações de tai chi chuan e kung fu, pensei no quanto tudo aquilo é significativo dentro do contexto em que foi desenvolvido. Arte, meditação, educação, religião... tudo ali se mistura de forma homogênea onde nem o mais audaz cartesiano é capaz de separar, dividir e compartimentalizar. Ninguém melhor que o mestre Carl Gustav Jung para explicar esse fenômeno. No livro "O Segredo da Flor de Ouro" ele explica a impossibilidade de se praticar os orientalismos de forma plena fora do Oriente. Isso se deve a uma razão simples: por melhor que

Psicologia, Esporte e Valores Olímpicos

se possa reproduzir o que se passa no Oriente nenhum lugar será como lá. O que sempre veremos serão simulações, e por que não, simulacros como diria Baudrillard, do Oriente, mesclados à cultura local e suas idiossincrasias. Então, embora lá estivessem monges budistas, diplomatas e membros da comunidade chinesa, aqueles rituais todos que estavam sendo apresentados já eram uma mescla de orientalismo e cultura brasileira.

E com esses mesmos argumentos e pensamentos voltei a lembrar no UFC e MMA. Isso porque não vejo mal nenhum em entender esses espetáculos como quaisquer outros onde alguns seres iluminados conseguiram vislumbrar uma possibilidade de fazer um grande negócio, movimentando milhões de dólares e explorando as habilidades de algumas pessoas fora da média. Nada que faça surpreender em um modo de produção capitalista! Por isso lutadores migram de suas modalidades amadoras, olímpicas ou ritualísticas porque desejam buscar fama e fortuna com um tipo de atividade que pode lhes proporcionar uma vida melhor. Não é assim em outras profissões?

Então paremos de escamotear, de tergiversar ou enganar a quem quer que seja.

Que não se confundam essas práticas de entretenimento com esporte. Muito embora tenham regras definidas, sejam institucionalizadas e organizadas não devem ser entendidas e confundidas com esporte.

Entendo que tanto o UFC como o MMA são videogames reais. Os combatentes são avatares criados a partir de uma referência da necessidade de luta, que para ganhar dramaticidade são nomeados com distinções míticas ou simbólicas, valendo prêmios milionários. E se no passado o imperador de sua tribuna usava os polegares para determinar a morte do derrotado, agora temos a televisão, cuja audiência qualificada aponta o céu ou os infernos para o menos habilidosos ou desfortunados no combate.

O ano do dragão, videogame e MMA

Há espaço para muitas manifestações culturais e formas de entretenimento na sociedade contemporânea e não me julgo arauta da moralidade e dos bons costumes para promover uma cruzada contra o MMA e o UFC. Entendo que essas competições não são menos nocivas que o BBB ou algumas novelas que impõe padrões de comportamento. O que talvez devesse ter pedido ao dragão, nesse ano que se inicia, é que definitivamente essas manifestações de movimento não sejam confundidas com o esporte.

Referência bibliográfica

NUNES, A. V. (2011) *A influência da imigração japonesa no desenvolvimento do judô brasileiro: uma genealogia dos atletas brasileiros medalhistas em Jogos Olímpicos e Campeonatos Mundiais*. Tese de doutorado. Escola de Educação Física e Esporte. Universidade de São Paulo.

O tempo das coisas

Dizem que Deus criou o mundo em 6 dias e descansou no 7º. Para os mais afeitos a detalhes, podem encontrá-los no velho testamento. Conforme se pode ler no livro do Gênesis um cronograma detalhado, provavelmente feito em algum planejamento estratégico num desses hotéis-fazendas bacanas onde se fica de 3 a 4 dias discutindo quais as metas, objetivos, ações e finalmente os produtos que serão gerados daquela criação. Nada que se assemelhe, óbvio, às nossas infindáveis reuniões que nos tomam tempo precioso de coisas verdadeiramente importantes. Afinal, o criador sabe muito bem o que e quando fazer. Então assim foi feito.

Começou não pela internet, mas pela Luz, obviamente retirada da própria escuridão. Não vou buscar analogias com o conhecimento, a consciência ou coisas do gênero, porque até aqui ele ainda estava tranquilo, descansado, sem ninguém a lhe criticar as decisões. Era a criação pela criação. Que coisa maravilhosa. Fazer pelo supremo prazer do fazer. Certamente naquela noite ele foi dormir com a sensação de dever cumprido e nem se levantou para beber água e pensar no dia de amanhã.

Pois bem. Veio então o segundo dia e, ainda muito inspirado, ele criou o firmamento, termo que vem do latim clássico *firmamentum*, e significa "suporte". Estava criada a abóbada celeste, dizem, para separar um pouco aquele aguaceiro todo que era o tal do universo. Fico na dúvida se ele tinha certeza do que estava fazendo ou se simplesmente ele deixou rolar, tipo quando fazemos pintura de dedo e vamos pondo cores e quando nos damos por satisfeitos enxergamos um monte de coisas que nem de longe havíamos pensado em criar. Sou levada a crer que também no final desse dia ele sentou depois do jantar e ouvindo um dos velhos discos do Milton Nascimento, ficou olhando para aquele monte de água, sorriu para

Psicologia, Esporte e Valores Olímpicos

com seus botões porque já sabia o que ia aprontar no dia seguinte. E mais uma vez, sem ter crítico, nem parecerista mal-intencionado, ele deu uma bela espreguiçada e foi dormir.

E acordou no terceiro dia pronto para estabelecer novos paradigmas. Ok. Água é legal, velejar, surfar, nadar, pegar jacaré é muito bom, mas melhor ainda é ter terra firme debaixo dos pés. E assim separou a água da terra e determinou que do seco viessem as plantas. Legal imaginar que ele pensou em todo o sistema produtivo, danado o cara. Sem nem supor que haveria de existir os tais transgênicos, estava ele preocupado que as espécies gerassem frutos e sementes que resultariam em novas espécies. Teria dado um grande biólogo!

Depois de dormir e acordar no escuro por três dias ele achou por bem estabelecer melhor algumas coisas no quarto dia. E assim pôs as luzes no firmamento. Acho que ele estava naquele momento do planejamento estratégico em que já acabou o "toró de parpite" (também conhecido como *brainstorm*) e é preciso começar a se preocupar com a execução daquele monte de coisas sugeridas. Estava iniciando o tormento de nossas vidas. Foi daí que nasceram as horas, dias, semanas, meses, anos, as estações e tudo que nos rege com aquelas palavras que nos fazem desejar férias eternamente: vamos logo que você está atrasada! Sorte que também ele criou o sol, a lua e as estrelas. E assim, para nosso alento, quando temos tempo e possibilidade de estar em um lugar onde não precisamos fazer nada com pressa, podemos olhar para a imensidão do firmamento e enxergar tantas estrelas quantas nossa paciência tiver disposição para contar.

E aí já estava no quinto dia. A conta do hotel começava a ficar cara e ainda tinha um montão de coisas pra fazer. Quem ia comer aquela montanha de hortaliças e frutas deliciosas do dia anterior? Ambientalista de carteirinha resolveu então dar cabo daquele desperdício todo e pensou em gerar vida para um consumo regrado mantendo tudo em equilíbrio. E assim começou pelo

O tempo das coisas

mar, pondo dentro d'água todo tipo de vida nadante. E acho que, num momento de descanso – afinal, esse dia a coisa foi puxada – enquanto secava o suor da testa ele olhou para o céu, com aquele solzão lindo de morrer, e percebeu que fazia um silêncio danado, sem graça de dar dó. Então, mais do que depressa e sem precisar esperar nenhum ofício ou consulta ao CJ ele criou os pássaros. Coloridos, barulhentos e simpáticos, ali estavam eles, pronto para alegrar o alvorecer com diferentes cantos, e alguns para cuidar das noites e dos que nela se movimentam. Naquela noite ele foi dormir meio preocupado porque era hora de tomar uma decisão que faria seu projeto chegar ao Nobel, ou então, ver seu relatório final ser debulhado por um parecerista que certamente gostaria de ter feito o que ele fez, mas não teve talento, criatividade, nem coragem suficiente para tamanha pretensão. Afinal, os grandes projetos têm tudo isso. E dificilmente se encontra, lá no começo dele, quem consiga entender de fato a ideia proposta e o quanto ele pode render para ações futuras. Meio com insônia ele foi dormir e só pegou no sono quando se lembrou que era possível pedir recurso caso o relatório fosse denegado!

E lá estava ele de pé, bem cedo no sexto dia. Era hora de um corte epistemológico naquilo tudo. Embora fosse legal definir o design do projeto, a metodologia e os instrumentos de coleta de dados, ele sabia que também precisava definir a equipe para o trabalho, afinal, ninguém consegue trabalhar sozinho por muito tempo. Olhe que ele só fez isso por 5 dias! Então mandou a terra produzir criaturas vivas como animais domésticos, répteis e animais selvagens segundo as suas espécies e criou então a humanidade a sua própria imagem e semelhança. A única coisa lamentável é que naquele tempo ele ainda não conhecia Pichón Rivière, René Kaëz, Didier Anzieu, e nem tinha ouvido falar em grupo operativo, nem em autogestão porque ele assim determinou: "domine ele sobre os peixes do mar, sobre as aves do céu, sobre os animais domésticos, sobre toda a terra e sobre todo o réptil que se arrasta sobre a terra". Ah, se ele tivesse passado uma manhã de sexta-feira lá pelo CESC na EEFE...

Feito tudo isso ele tirou o sétimo dia para descansar e não foi para fazer relatório, transcrição de entrevista, nem novos agendamentos. Nunca ouvi nada mencionar a existência de alguma reflexão crítica sobre a obra do criador, do tipo "se eu pudesse voltar atrás eu teria feito...". Ele simplesmente descansou, deixando a entender que tudo tem seu tempo, mesmo em se tratando de algo divino.

Faço todas essas analogias talvez porque esteja tendo tempo para deixar meu baú de tampa aberta, embora meu relatório da Fapesp tenha que estar pronto até o final desse mês. Mas faço também porque ontem mais uma atleta olímpica teve sua vaga assegurada para Londres 2012. Lembro, 4 anos atrás, quando fui procurada para iniciar um trabalho para esse ciclo olímpico, falamos sobre tudo o que estava em jogo: as incertezas quanto a patrocínio, a dúvida sobre se o corpo ainda aguentaria mais uma jornada, a emergência de novas adversárias, enfim, muitas coisas podem acontecer em 4 anos. Um ciclo que para muitos representa a própria razão de existir ou então de sofrer.

E como na solidão dos dois primeiros dias do processo de criação do universo mar, vento e barco foram as companhias constantes daquela velejadora que abriu mão de tudo para estar em mais uma edição olímpica. Parabéns, Adriana Kostiw. Que nesse momento você possa desfrutar do início dessa conquista, afinal seu dia de descanso só virá depois de agosto.

Quanto dói uma dor

Já faz um tempo que me detenho a estudar as questões relacionadas com a dor.

Motivada pela história de vida de alguns atletas quando escrevi os "Heróis Olímpicos Brasileiros" passei a observar com mais atenção as narrativas e discursos a respeito desse tema. Comecei notando que vários dos atletas entrevistados falavam espontaneamente de uma dor que é cotidiana, e, portanto passa a ser normal na vida deles, que eu acabei por nomear como dor de treinamento. Nesse tipo de dor o atleta se sente quase confortável e associa sua intensidade e frequência ao reconhecimento de um dia intenso de trabalho. É uma dor quase prazerosa, diriam os mais sádicos.

Há, por outro lado, uma dor indesejada, dolorida de dar dó, porque impede o treino do dia seguinte, e quem sabe das próximas semanas, até mesmo finaliza o campeonato ou a carreira. Essa é a dor da lesão. Dor perigosa não apenas pelos impedimentos de ordem física, mas porque representa uma grande ameaça do ponto de vista emocional por testar o limite da superação do atleta, e do ponto de vista material coloca em risco contratos e a própria carreira.

Ao longo da pesquisa com os atletas olímpicos tomei contato com outros tipos de dor. Claro que em se tratando de seres humanos poderemos ter tantas percepções e qualificações sobre a dor quantos atletas forem entrevistados, principalmente se eles forem alguns tipos particulares que olham a vida com óculos de lentes especiais, aqueles que permitem olhar não para as coisas, mas para além delas.

E assim pude ouvir narrativas a respeito da dor da derrota, por exemplo. E, acredite, tomei contato com algumas coisas de espantar e outras simplesmente de cortar o coração. Há derrotas que marcam a vida de atletas muito mais do que as vitórias. Isso

Psicologia, Esporte e Valores Olímpicos

pode estar relacionado com a onipotência que o atleta vive naquele momento da vida e é muito difícil para um deus se ver falível, menor, derrotado. O que há de interessante nessas circunstâncias é que se bem elaboradas, essas situações podem representar verdadeiros pontos de transformação na vida desses atletas. Por outro lado há aqueles que mesmo depois de muitos e muitos anos ainda continuam a remoer aquele resultado, carregando-o como a um trem cheinho de minério de ferro... pesado, pesado. Compreensível essa dor na vida de quem foi educado e preparado apenas para vencer.

Ouvi também sobre a dor do corte entre alguns atletas que posteriormente se tornaram técnicos,e que, curiosamente, após a inversão de papéis passaram a redimensionar a carga que aquela situação carregava. Claro que isso está presente na fala daqueles menos egoístas, endeusados ou ensimesmados com a própria fama e glória. Afinal, ser técnico pode fazer supor coisas imponderáveis. Falo de técnicos que, como bem pesquisou David Alves de Lima em seu mestrado, assemelham-se a mestres. Este tipo de técnico, mais do que ensinar técnicas e boas jogadas a seus atletas, tem o cuidado de olhar para o sujeito que executa a ação antevendo os muitos desdobramentos que aquilo provoca tanto em quem assiste como em quem executa ou ainda no adversário. Não é à toa que a referência de comparação para esse tipo de técnico seja o Centauro Quíron, o preparador dos grandes heróis da mitologia. Uma das características marcantes desse centauro, e, portanto imortal, é que, ferido por uma flechada mortal, é fadado a sofrer para o resto de seus dias, uma vez que não pode experimentar a morte. Para poder lidar com a própria dor, passa a cuidar das dores alheias.

O que vejo então dessas muitas manifestações e representações sobre a dor é o quanto há de marcas pessoais, carregadas a partir da própria história de vida dos sujeitos, e também sociais e culturais. Em toda a literatura sobre a dor encontramos essa questão específica da cultura, daí a dificuldade de se construir ou traduzir instrumentos de avaliação sobre o tema. Isso porque, toda avaliação do sujeito

Quanto dói uma dor

sobre a dor é subjetiva, e por mais que se tente objetiva-la, a sua construção está referenciada em parâmetros desenvolvidos social e culturalmente.

Por isso a dificuldade de se entender a exata dimensão do quanto dói uma dor, seja ela de que tipo for. De uma pancada na quina da mesa, ou o acúmulo de ácido láctico na panturrilha, ou o erro na execução do último ponto do jogo, ou a dispensa do 13º jogador nas vésperas do embarque para os Jogos Olímpicos, enfim, não há muito a dizer se isso foi pior ou melhor daquilo que eu senti, assim como é trágica a frase: "eu sei exatamente o que você está sentindo...". É trágica porque embora pareça reconfortante uma frase dessas, como canta Marisa Monte, "a dor é minha só, não é de mais ninguém". Sei que é duro dizer isso e nem quero ser injusta com todos aqueles que se solidarizam com quem precisa de algum tipo de apoio ou conforto nas piores horas da vida. Falo isso por conta das muitas situações já vividas como psicóloga em que sou procurada justamente pela necessidade de se elaborar uma perda. Por mais que eu me prepare para oferecer uma boa resposta ou acolhida, não está escrito em nenhum manual qual a melhor maneira de fazê-lo. Então novas respostas e novos entendimentos vão surgindo à medida que posso ouvir mais, entender onde dói a dor e por que ela dói tanto, quais os desencadeantes e por que ela gera sofrimento.

E então chegamos ao ponto. Como bem escreveu o poeta Drummond: "A cada dia que vivo, mais me convenço de que o desperdício da vida está no amor que não damos, nas forças que não usamos, na prudência egoísta que nada arrisca, e que, esquivando-se do sofrimento, perdemos também a felicidade. A dor é inevitável. O sofrimento é opcional."

E voilá. Por que será que às vezes optamos por sofrer, por arrastar nossa dor como o paninho do Linus do Snoopy aonde quer que a gente vá?

Lembro de ter lido essa construção do Drummond exatamente há um ano, na sala de espera de uma clínica em que meu pai foi atendido quando ele teve um problema cardíaco. Embora ela tenha reverberado em mim a ponto de eu adotá-la como uma de minhas citações preferidas, eu não tinha a menor ideia que estaria fazendo seu uso justamente para falar de uma dor, que é a dor da perda de alguém que se ama. Ainda que nenhum dos atletas tenha falado sobre ela, posso afirmar que diferente da dor do treinamento eu não espero encontrá-la no dia seguinte indicando que tive um bom dia de trabalho. Que ela não é a dor da lesão, porque não haverá cirurgia que a faça diminuir. Que ela não se parece com a dor da derrota, muito embora guarde semelhanças com algumas reflexões como: o que será que eu fiz de errado, que ponto fundamental eu deixei de fazer para esse resultado ou pior ainda, será que eu estava no time certo para esse campeonato? Mas, como o tempo não volta, já não vale mais a pena gastar tempo pensando nisso. Talvez ela se aproxime da dor do corte, afinal, embora aquele que se perdeu possa ser representado pela camiseta que ele usaria ou pela fotomontagem para suprir a falta física, mas a ausência está lá, profunda, aguda, dolorida pela impossibilidade de se substituir quem falta. Logo sobram os vestígios: músicas, situações, palavras e a constatação de que o dia em que isso vai passar também é uma variante pessoal, porque se para alguns bastam semanas, para outros talvez seja necessária uma nova vida.

Referências bibliográficas

GODOY MOREIRA, F., RUBIO, K. (2008) A dor em corredores com fascite plantar: o uso da acupuntura. *Revista Dor*, v.9, p.1290 – 1296.

LIMA, D. A. (2012). *Técnico-Mestre e Atleta-Herói. Leitura Simbólica dos Mitos de Quíron e do Herói entre técnicos de voleibol.* Dissertação de mestrado. Escola de Educação Física e Esporte da Universidade de São Paulo.

RUBIO, K., GODOY MOREIRA, F., RABELO, I. (2010) Percepção do esforço e da dor pelos atletas de multiathlon. *Revista Dor*, v.11, p.37 – 44.

RUBIO, K., GODOY MOREIRA, F. (2007) A representação de dor em atletas olímpicos brasileiros. *Revista Dor*, v.8, p.926 – 935.

Pelas lentes da cultura

Cá estou na Kent State University, em Ohio, quase divisa com o Canadá, em uma daquelas atividades que só me é possível porque estou em uma universidade que incentiva não só o ensino, mas o desenvolvimento da pesquisa. Venho como professora visitante e meu objetivo é ampliar a pesquisa que faço hoje sobre os atletas olímpicos brasileiros em colaboração com a Profa. Kim Schimmel. Diferentemente do que possam pensar alguns, não fico o dia inteiro sentada na biblioteca, ou dentro de um laboratório. Também faço isso, aliás, que biblioteca! São 9 andares com quase tudo que se possa querer em língua inglesa e algumas coisas mais em outros idiomas. Mas, o que me parece mais importante nesse momento como pesquisadora é a possibilidade de conhecer outras pessoas. Não falo isso apenas com o sentido pragmático de fazer conexões e redes que me permitam publicar, publicar e publicar. Penso em estar com as minhas antenas ligadas naquilo que me possa colocar em contato com o mundo para tentar entender um pouco melhor esses seres que somos.

Por razões de logística estou convivendo com um grupo de pessoas que são professores de inglês em seus países. E assim tenho convivido, no mesmo apartamento, com uma professora do Senegal, Yacine, uma da Malásia, Sharin, e outra de Brasília, Alessandra,... isso mesmo, o mundo é tão pequeno que tem mais brasileiros por aqui... e olhe que somos apenas um pouco mais que 10% da população chinesa que está quase dominando o mundo! E fora do nosso grupo mais restrito de convivência tenho contato cotidiano com pessoas da Nigéria, do Marrocos, da Indonésia, África do Sul, Índia, Japão, Venezuela, China, óbvio, o que me faz apurar sempre e cada vez mais as lentes da cultura para a compreensão dessa nossa espécie.

Psicologia, Esporte e Valores Olímpicos

Todas as terças-feiras, 3 ou 4 pessoas do grupo abordam tópicos relacionados aos seus países, trazendo assim um pouco de informação sobre cultura, meio ambiente e política. Hoje fomos contemplados com uma apresentação sobre educação. E por quase uma hora ouvi no Gerald H. Real Center for International and Intercultural Education, Umi, uma professora da Indonésia falar sobre o sistema educacional de seu país, assim como Rougi explicar sobre o Senegal e Lawrence apresentar o sistema na Nigéria. Assisti com um misto de curiosidade e emoção esses professores falarem com orgulho sobre seus fazeres pedagógicos mesmo diante da falta de recursos que impera na maioria dos países. Mais do que informações, eles trouxeram imagens e sentimentos sobre o que é ser professor de ensino básico em salas com sessenta alunos e ainda assim oferecer atenção e suporte a todos.

Entendo que talvez o que mais me tenha sensibilizado foi olhar para aquelas apresentações e ver ali também um pouco do Brasil. Aquele Brasil de não muito tempo atrás, onde as estatísticas sobre a desigualdade eram diferentes das que temos hoje. Não sou nenhuma Poliana para achar que não temos mais problemas! Leio jornais diariamente e tenho formação acadêmica e política suficiente para compreender as mazelas que são tão nossas. Mas ali, naquele momento, pude perceber que ricos ou pobres, todos temos problemas e desafios a vencer, e o que nos diferencia é o grau de dignidade com que lidamos com nossos problemas.

Isso ficou claro, quando ao final das apresentações, durante as discussões, Agneta, uma combativa professora da Nigéria, pediu a palavra para complementar uma resposta que seu colega tinha dado sobre a precariedade das condições de ensino em seu país. Disse que embora as salas sejam superpovoadas e que o número de alunos por professor seja elevado, em seu país ensina-se na escola de dois a três idiomas, além da língua natal e que há outros componentes na educação que fazem os cidadãos de seu país serem quem são.

Pelas lentes da cultura

Fui ao encontro dela depois dessa discussão porque na semana anterior ela havia feito uma exposição sobre questões ambientais e me chamou a atenção como ela apresentou os programas de economia de água que são feitos nas escolas em um país onde o stress hídrico é crônico. Aquilo me chamou atenção não apenas pela forma como ela apresentou as informações, mas principalmente porque buscou apontar saídas, alternativas mesmo diante da escassez não apenas da água, mas de diferentes tipos de recursos. Para mim estava claro que mesmo com tanta falta, sobrava esperança.

Depois de cumprimentá-la por mais uma intervenção digna de nota perguntei sobre os corredores de longa distância da Nigéria, reconhecidos como os melhores do mundo, afinal, tudo o que se relaciona com esporte me interessa diretamente.

E então ela me respondeu que correr é uma forma de se manifestar aquilo que cada um tem de melhor. Que as crianças na Nigéria percorrem longas distâncias para chegar à escola e o fazem correndo porque aquilo lhes dá prazer. Não é apenas uma obrigação, pelo contrário, elas vão ao encontro da escola, correndo, com um sorriso estampado no rosto. Foi me contando que esse prazer é um misto de orgulho e dedicação àquilo que está dentro de cada um, que é intrínseco àquelas pessoas. Com a mesma intensidade com que fez sua apresentação, ela me falou sobre o que significa correr na Nigéria.

Esse diálogo me valeu por muitos semestres das Dimensões Antropológicas da Educação Física, disciplina que lecionei durante muitos anos. Isso porque sempre evitei as discussões estéreis sobre os embates natureza x cultura que tanto ainda se tenta fazer nos estudos sobre o esporte. Sem contar que durante muito tempo os argumentos produzidos nessas discussões serviram para justificar muitas coisas, inclusive o preconceito e a discriminação contra as mulheres, os negros, os baixos, os magros, os fora de padrão de maneira geral. Teorizar sobre a diversidade e a cultura é fundamental para se entender o que se passa no esporte da atualidade. Isso

175

Psicologia, Esporte e Valores Olímpicos

porque, mais do que justificar os resultados incomuns que ocorrem em diferentes modalidades, é preciso entender que o mundo se ampliou para além das nações que historicamente determinaram o "quadro de medalhas".

Isso representa uma transformação na geopolítica esportiva que vem ocorrendo a passos largos desde que o continente africano, a América Latina e a Ásia de forma mais ampla deixaram de ser os países "café com leite" do movimento olímpico, ou como diriam os colegas do atletismo "aqueles que vêm para preencher raias", para buscarem o protagonismo que os europeus e norte-americanos tiveram ao longo do século XX. Se a falta de acesso às condições materiais eram as grandes responsáveis por esse distanciamento no passado, o que se assiste hoje é que, com maior ou menor frequência, o acesso a essas condições e às teorias do treinamento está levando a uma maior participação na repartição das premiações. O bolo começa a ser dividido em mais pedaços. Quem está com o prato e o garfo nas mãos são aqueles, que como Agneta me falou, trazem em si o desejo da conquista. Esse desejo não está a venda nem em lojas especializadas, nem nos melhores sites de material esportivo. Isso está na cultura, na transmissão de valores, na educação que se recebe de professores como ela e alguns outros que tenho encontrado por esse mundo. Pessoas que têm a ousadia de pensar que podem mudar o mundo e trabalham para isso.

Vejo o esporte cada vez mais mobilizado pelo dinheiro. Nunca se pagou tanto para que alguns nos maravilhassem com suas performances sobre-humanas. Nunca se mobilizaram tantos recursos para que cidades e nações recebessem em seu território competições capazes de envolver públicos de todo o mundo. Por outro lado, nunca se falou tanto sobre a preocupação com as novas gerações que perderam o encanto pela competição em si, pela prática esportiva que forma esse sujeito que olha para os desafios com a satisfação em superá-los.

Pelas lentes da cultura

E a resposta talvez esteja nessa ausência de alma, nesse desânimo, nessa perda de orgulho que está vinculado a um valor... valor esse que não tem preço.

As palavras mal-ditas

Há um tempo atrás publiquei um texto sobre o imperialismo linguístico e o imperialismo acadêmico para denunciar uma situação ocorrida em um desses muitos congressos que vamos por aí onde o idioma oficial é o inglês. A questão central era a adoção do inglês como idioma oficial porque assim foi imposto pelos detentores do poder acadêmico e não houve ninguém, nem nenhum movimento, que se organizasse que maneira eficaz o suficiente para contrapor essa "convenção". Por conta disso nos habituamos a buscar professores, cursos, tradutores para tentar ficar lado a lado com os donos do poder, afinal precisamos disso em nossas carreiras. Muitas vezes, por mais que nos esforçássemos nunca éramos bons o suficiente para sermos compreendidos no âmago de nossas questões mais urgentes ou mais pungentes. Afinal, diziam os menos respeitosos, isso são detalhes da língua que pouco ou nada contribuem para a construção ou ampliação do conhecimento. Quantas vezes não mordemos os lábios por nos sentirmos desrespeitados não só na nossa condição de pesquisadores, mas de cidadãos de um país ou do mundo.

Ouvi por muito tempo que o mundo era assim mesmo. Os mais fortes apontam, determinam e os mais fracos obedecem. Nessa ordem estavam não apenas pessoas com mais conhecimento, dinheiro, poder ou tudo isso junto, mas também a relação entre as instituições e seus instituídos, os países e a geopolítica. Sendo eu originária de um país colonizado isso então ganhava contornos mais agressivos. Até bem pouco tempo atrás eu era cidadã do Terceiro Mundo, depois passei a pertencer a um país em desenvolvimento, para depois ser emergente e hoje ser uma respeitada professora da sétima maior economia do mundo. Caramba! E isso tem menos de cinquenta anos… o que representaria isso para a História?

Psicologia, Esporte e Valores Olímpicos

Representa a possibilidade de ver uma mudança de jogo em que já não admito ouvir uma referência a mim com as expressões sudaca ou brazuca. Desculpem os atrevidos, descolados ou ainda informais. Eu sou brasileira. Aquela que já foi tudo aquilo do parágrafo anterior, que pedia desculpas ao abrir uma palestra em língua inglesa por não ter domínio total daquele idioma e que via meus textos serem rejeitados nas revistas internacionais por não serem escritos por um "nativo", afinal nossas traduções nunca eram boas o suficiente para estar ao lado de orgulhosos produtores de conhecimentos nativos.

Acompanho desde o último sábado, dia 03 de março, a polêmica causada por uma declaração infeliz do secretário geral da FIFA a respeito das obras da Copa do Mundo de Futebol de 2014. Disse ele que o Brasil precisava de um chute no traseiro para que as obras andassem a um ritmo mais acelerado...

Como cantaria Noel Rosa: Quem é você que não sabe o que diz. Meu deus do céu que palpite infeliz...

É muito provável que na escola onde o senhor Jérome Valcke estudou não havia disciplinas bem dadas de antropologia e pouco tenha discutido o conceito de eurocentrismo, ou francocentrismo mais especificamente, que tanto atropelou o mundo ao longo de incontáveis séculos, embora no Brasil, e mais especificamente na Universidade de São Paulo onde sou professora, se tenha o maior respeito pelo Prof. Claude Lévi-Strauss. Sua fala aponta o quanto está impregnado no pensamento de pessoas como ele a superioridade de sua casta, de seus antepassados que se referiam aos povos das Américas, da África, da Ásia e até de alguns da própria Europa, como "aqueles selvagens", "bárbaros" ou coisa que o valha. Na posição que ele ocupa, de um quase representante de Estado (afinal de contas a FIFA conta com mais países associados do que a própria Organização das Nações Unidas), não se admite esse tipo de expressão, mesmo em uma roda de amigos dos mais íntimos, quanto mais em uma coletiva de imprensa. Que coisa lamentável.

As palavras mal-ditas

Que falta de preparo. Que falta de cuidado. Que desconhecimento das coisas que passam no mundo contemporâneo.

Essa notícia me pega em um momento em que tenho ouvido de atletas olímpicos o mesmo sentimento diante da tentativa de imposição da submissão por parte de alguns atletas, dirigentes ou mandatários do esporte mundial e o quanto eles têm que ser firmes em seus princípios e convicções para não sucumbirem diante de uma profecia auto realizadora de fracasso iminente.

Desde outubro do ano passado acompanho a posição do governo brasileiro diante das determinações da FIFA e do COI em relação à lição de casa brasileira para recepção dos dois maiores megaeventos esportivos da atualidade. Passada a euforia inicial de entrar para o mapa dos grandes eventos planetários veio a ressaca das negociações relacionadas a obras, soberania nacional e outras questões que esses eventos hoje contemplam. Sabe-se sim que é necessário conceder em parte para receber de outra, mas isso tudo é muito recente ao repertório do povo brasileiro que historicamente teve que dobrar os joelhos diante de interesses, fossem eles econômicos, políticos, sociais ou qualquer outra categoria de análise.

Confesso que temi à concessão pura e simples das exigências impostas pelos donos dos espetáculos. Aguardei ansiosa pelo desfecho do desrespeito com que a presidenta Dilma foi tratada ao não ser recepcionada pelos altos dirigentes para negociar a Lei Geral da Copa. Pensei comigo que sendo ela a mulher que é e com o passado que tem não poderia tolerar de forma resignada às ordens ardilosas de pessoas como o senhor Valcke que punham em risco e em jogo a nossa soberania e algumas conquistas históricas. Fui levada a crer que sua postura conciliadora naquele momento fazia parte de uma estratégia que buscava o instante exato de levar à mesa de negociação os nossos interesses. Mas, pelo que vejo, os negociadores da Copa do Mundo não fizeram a mesma análise de conjuntura que o time brasileiro, e uma vez mais se puseram em campo vestidos da arrogância dos civilizadores que

Psicologia, Esporte e Valores Olímpicos

invadiram a América, a Ásia e a África proclamando ao mundo não a sua tomada, e sim o seu descobrimento. Não contentes com a imposição da própria cultura sobre a cultura local determinaram ainda padrões de comportamento, de pensamento e até de fé sobre os "nativos", "desalmados" e "aculturados". Esqueceram-se apenas esses senhores que se passaram mais de 500 anos desde que isso ocorreu e que as ciências humanas se desenvolveram ao ponto de nos proporcionar inclusive a condição de poder avaliar e julgar o comportamento dos colonizadores.

Que felicidade a nossa, senhor Valcke, e infelicidade a sua, de ter diante de si cidadãos capazes de se orgulharem de fazer parte de um momento da história do Brasil de resgate da dignidade, da capacidade de se ter figuras de projeção e de identidade que estão dentro do próprio país e não em continentes distantes com muito mais anos de existência que o nosso. Que erro de avaliação, senhor, ao acreditar que um saquinho cheio de promessas de projeção internacional seria suficiente para lhe dar o direito de tratar com a arrogância e o desrespeito não apenas um interlocutor do governo, mas toda uma nação.

Volto a dizer: vivo no Brasil, trabalho para sua transformação porque também tenho a noção exata de nossos problemas, de nossas limitações, mas isso não dá a mim, nem a qualquer sujeito nesse mundo que não tenha direito a voto, de determinar os rumos que devemos tomar.

Parabéns ministro Aldo Rebelo. Sua atitude firme e imediata de responder à forma desrespeitosa como fomos tratados, de como me senti tratada e desrespeitada, leva-me a crer que podemos ter uma Copa do Mundo e os Jogos Olímpicos diferentes. Não apenas sendo campeões, trazendo medalhas, mas podendo erguer a cabeça e afirmando que desejamos receber a quem quiser ver esses espetáculos no Brasil, com o orgulho de ser um país diferente, cheio de imperfeições, mas com dignidade, dignidade essa que pode ter faltado a outros que pagaram um preço muito mais alto do que

As palavras mal-ditas

o lucro resultante dos espetáculos. Pagaram com o desrespeito a sua soberania.

E não tente, senhor Valcke, querer usar a mesma e velha desculpa comum ao meio acadêmico para justificar o desastre que causou: foi um erro dos tradutores que não compreenderam a intenção do que foi dito!

O futebol e os Jogos Olímpicos

Essa semana gastei umas boas horas de trabalho lendo e corrigindo o texto de qualificação de Sérgio Settani Giglio. Sérgio além de ser um dos criadores do site Ludopédio, que se dedica à informação e divulgação das muitas manifestações do futebol, é também um pesquisador dedicado do futebol como fenômeno social. Quando me procurou para fazer seu doutorado desejava estudar os significados e desdobramentos das peneiras na vida dos tantos garotos que arriscam seu futuro desejando ser um ídolo do esporte bretão no Brasil.

Porém, ao tomar contato com a metodologia das histórias de vida que adotamos na pesquisa com os olímpicos ele resolveu alterar os rumos de sua pesquisa e mergulhou de cabeça na história do futebol dentro dos Jogos Olímpicos. Sua dedicação à pesquisa e disposição para sair do lugar comum estão fazendo-o produzir um texto inédito, repleto de informações, que dará o que falar e pensar. Nossas três horas de reunião de orientação na última sexta-feira me fizeram ter aquela sensação boa de que esse trabalho vale a pena. E vale porque eu posso contribuir com o que sei e também aprendo com as descobertas dele. No processo dialógico entendo, invento, penso e crio sobre esse fenômeno e saio renovada para novos pensares sobre minha própria pesquisa.

Na trilha desse descobrimento começo a amarrar todas as informações obtidas por meio dos atletas já entrevistados, sejam eles do futebol ou não. Para todos do Grupo de Estudos Olímpicos que estão envolvidos com as entrevistas fica claro que os atletas do futebol masculino constituem um grupo distinto das demais modalidades olímpicas. Se para os olímpicos em geral uma medalha, ou mesmo um pódio, é o sonho maior a ser realizado, para os atletas do futebol é um título que pode ajudar na construção de uma carreira profissional mais promissora. Vale lembrar que apesar de o Brasil ser pentacampeão mundial no profissional, a medalha de ouro olímpica ainda está para ser conquistada.

O que observamos no decorrer da pesquisa é que o discurso acerca da conquista olímpica vai se alterando na medida em que as gerações se renovam e o futebol profissional se transforma. Vários atletas do futebol falam com um certo desdém dos Jogos Olímpicos entendendo-os como UMA competição e que A competição de suas vidas é de fato a Copa do Mundo. Isso fica nítido na fala dos mais velhos, que viveram a profissionalização do futebol em um momento em que essa condição não se estendia aos atletas olímpicos. Ou seja, o jogador de futebol desde sempre foi profissional, ainda que não passasse de um proletário do esporte, afinal os grandes salários nunca foram um privilégio de muitos. Mas como apontou Bebeto de Freitas em sua entrevista para a revista Isto É 2016, de março de 2012, o futebol é democrático porque é mais acessível pelo número de clubes que disputam os muitos campeonatos que acontecem pelo país afora, diferente de outras modalidades em que o calendário prevê competições apenas em alguns meses do ano.

Assim começamos a entender um pouco melhor a dinâmica do futebol dentro dos Jogos Olímpicos de Verão. Ele deveria ser apenas mais uma entre as 26 modalidades disputadas na última edição olímpica, mas desde sempre sua história está marcada por disputas institucionais que envolvem o COI e a FIFA, com os seus respectivos interesses a intermediar esse conflito e essa convivência. Isso só prova o quanto o esporte está sujeito às mazelas do momento histórico em que ele ocorre.

Se no princípio a marca da discórdia estava gravada nas disputas entre as ligas amadoras e profissionais, que camuflavam relações sociais pautadas em uma sociedade classista, mais do que racista, esses interesses foram tendo seus contornos alterados pelos muitos interesses emergentes ao longo do século XX. Como escrito acima, o futebol nunca precisou negar sua condição profissional e a criação da Copa do Mundo em 1930 marcou sua

O futebol e os Jogos Olímpicos

autonomia em relação ao Movimento Olímpico, condição que as demais modalidades só alcançaram a partir dos anos 1980, com a profissionalização e autonomia financeira adquirida em função dos grandes contratos de patrocínio.

Penso que a realização no Brasil da Copa do Mundo de 2014 e dos Jogos Olímpicos em 2016 nos dá a falsa impressão de que esses eventos são distintos, porém complementares. Ledo engano... Está cada vez mais claro que a disputa pela condição de maior evento do planeta coloca essas competições em um campo de disputas de poder político e financeiro, ora percebido pelos atletas, ora não. As muitas tentativas de retirar o futebol do programa olímpico pela FIFA apontam nessa direção. Já se tentou restringir a participação pela idade, pelo tempo de exercício profissional, pela participação em Copa do Mundo, enfim, essa disputa ainda não chegou ao seu limite. Isso ficou claro com a entrevista de João Havelange, atleta olímpico da natação e do polo aquático, e dirigente da FIFA por 24 anos. Questionado sobre as razões dos conflitos entre o COI e a FIFA, Havelange foi categórico: o futebol não interessava ao COI no início do século XX porque era um esporte popular, de massa, e essa massificação não agradava à aristocracia dominante do COI.

Não é preciso nem recorrer aos autores da sociologia do esporte para reafirmar essa condição. Dominados pela aristocracia europeia do final do século XIX, e mantidos dessa forma até a segunda metade do século XX, o COI e a FIFA demonstram o eurocentrismo dominante em sua hierarquia, bastando para isso apenas um correr de olhos na lista de todos os seus presidentes: no COI dos 6, 5 deles eram europeus e apenas um norte-americano; e na FIFA dos 8, 7 eram europeus e apenas 1 brasileiro. O esporte nasceu aristocrático e assim se manteve até a II Guerra Mundial. A popularização do esporte olímpico causava espanto e constrangimento aos seus criadores e mandatários, mas o futebol já se encontrava fora desse controle desde o final do século XIX. Parte

Psicologia, Esporte e Valores Olímpicos

dessa responsabilidade devia-se às fábricas e igrejas que construíram campos de prática ao lado de suas instalações, ora ampliando seu quadro de funcionários, ora multiplicando um rebanho de fiéis que parecia cada vez menos interessado nos sermões dominicais. Favorecido por uma sociedade de costumes conservadores por um lado, mas absolutamente liberal no que se referia a uma cultura de apostas, o futebol fugiu ao controle dos Senhores dos Anéis desde sempre. Para praticantes e espectadores não havia qualquer problema que aquele entretenimento estivesse associado à classe operária. Ele causava emoção e isso era o suficiente. A prática e audiência do esporte olímpico só experimentou essa massificação após o advento das transmissões das competições, o que veio a se tornar a principal fonte de renda do Comitê Olímpico Internacional.

Havelange prosseguiu em seu raciocínio enveredando por outras questões bem menos emocionais e muito mais pragmáticas do universo esportivo do século XX: os interesses comerciais. Relatou o ex-presidente da entidade máxima do futebol que a Copa do Mundo é a grande geradora de receita para a FIFA, e sendo assim não seria razoável deixar seu maior espetáculo ser ofuscado pela disputa olímpica que provocaria uma perda de renda. Em suas próprias palavras, "não podíamos engordar o porco do outro".

É claro que essas representações e disputas também atingem os protagonistas do espetáculo esportivo.

Observamos no presente que embora haja restrição de idade para os atletas do futebol que participam dos Jogos Olímpicos, é também cada vez maior o número daqueles que jogam no exterior e que estão absolutamente preocupados com seus contratos, mais do que com a medalha que ainda falta ao país. Talvez por isso vejamos um espetáculo que está muito longe de ser aquilo que desejamos de um bom futebol.

Talvez fosse o caso de fazer algumas recomendações àqueles que cuidam do futebol olímpico. Embora as disputas sejam em

O futebol e os Jogos Olímpicos

diferentes cidades, como na Copa do Mundo, a partir das semifinais os quatro times vão para a cidade sede e costumam se hospedar na Vila Olímpica, embora alguns atletas relataram que as instalações foram precárias! Lembrar também que o futebol é mais uma entre 25 modalidades do programa olímpico, e que naqueles dias, naquele espaço, há uma constelação de astros que nada devem às estrelas do futebol. Por fim, mas não menos importante, que mesmo com contratos milionários os atletas convocados a participar dos Jogos Olímpicos ainda se envolvem com um sentimento chamado "espírito olímpico", condição que desde 1996 sobrou ao time feminino, primo pobre e discriminado do futebol masculino.

Se não for assim, talvez a FIFA tenha razão. É preciso pensar se o futebol ainda cabe mesmo nos Jogos Olímpicos.

Referência bibliográfica

Revista ISTOÉ 2106. Vivemos uma ditadura assombrosa do esporte brasileiro. edição 29. 13/03/2012

Ah... Esses homens e mulheres apaixonados

Trabalhar com memória não é tarefa fácil principalmente quando lidamos com pessoas idosas a quem o tempo se incumbiu de cobrir com o esquecimento as imagens que se referem a episódios mais próximos ou mais distantes.

Há diferentes tipos de esquecimento que em parte justificam os lampejos de memória e porque aqueles episódios, e não outros, emergiram na narrativa do sujeito. A metodologia das histórias de vida me encanta há mais de 15 anos. Entendo que por meio dela tenho acesso a dados e fatos que me fazem entender os contextos históricos macro sem perder de vista aqueles que protagonizam o fato. Tenho uma predileção especial pela frase do Caetano que diz: "gente é pra brilhar, não pra morrer de fome".

A história de vida não está obrigada pelo ritmo e acontecimento da história cronológica. Considerada uma modalidade de história oral ela opera com os acontecimentos registrados na memória, que não obedecem a um fluxo ditado pela oficialidade do calendário, mas a importância atribuída a episódios significativos.

Assim como em outras metodologias das ciências humanas, o papel do pesquisador-entrevistador na condução da coleta da história de vida é reconhecido como fundamental. Durante a entrevista, na formulação das perguntas ou na busca dos episódios que podem oferecer a compreensão de eventos relatados, a atitude de ouvinte atento e respeitoso, mas curioso, do pesquisador pode determinar a adesão do ator ao projeto.

Na pesquisa com os Atletas Olímpicos Brasileiros a questão desencadeadora da narrativa não é uma pergunta, mas um convite onde o sujeito é levado a contar sua história. A reação subsequente já indica pontos para a análise. Isso porque alguns iniciam suas narrativas pelas origens familiares, cidade ou região onde passou a infância ou profecias indicativas de uma carreira esportiva vitoriosa. Outros buscam o início de suas trajetórias nos episódios que marcam a aproximação direta com o esporte seja na figura do professor de educação física, em um parente amante da modalidade ou em um fato isolado, mas marcante, para a sua carreira, uma vez que já foi anunciada a intenção da pesquisa sobre sua trajetória olímpica, há ainda aqueles, que mesmo tendo recebido essa informação, uma vez mais questionam: minha história de vida, ou minha história de vida no esporte.

Nos últimos tempos encontramos um grupo de atletas vivos e lúcidos que já estão próximo do centenário de suas existências. Homens e mulheres que participaram dos Jogos Olímpicos de 1936, 1948 e 1952, apenas para falar dos mais idosos, alguns mais lúcidos e saudáveis do que outros. Vários deles acompanhados de suas companheiras e companheiros, que como alter egos, auxiliam no relembrar de fatos, causos, informações que ajudam a compor o mosaico dessas lembranças, varrendo da narrativa a poeira do esquecimento.

Observo essa atitude desde as entrevistas das Mulheres Olímpicas, quando tentei por vários meses acessar uma atleta participante da delegação de 1948. Depois de conseguir seu telefone fiz várias tentativas de aproximação, mas a voz masculina do outro lado educada e pacientemente tentava me dissuadir de meu intento. Com a persistência que é particular do pesquisador continuei a telefonar, ao menos para tentar entender o por quê daquela negativa. Com o passar do tempo descobri que o dono daquela voz era o marido da atleta e depois de muito insistir ele então me convidou para ir até a casa deles para conversarmos sobre o que passava. Cheguei ao apartamento no bairro de Copacabana em uma manhã ensolarada que destacava a grande rocha logo atrás do prédio, fazendo aquele amontoado de concreto com janelas parecer uma obra em Lego perto daquela dádiva da natureza. Caminhei pelas passarelas que

Ah... Esses homens e mulheres apaixonados

levavam ao elevador observando que a população do condomínio ajudava a entender a substituição das escadas e a mudança das curvas relacionadas com a expectativa de vida dos últimos censos. Cheguei ao meu destino e lá estava meu interlocutor a me esperar. Um homem alto, forte, porte atlético, aparentando uns 80 anos. As paredes do apartamento estavam cobertas de fotos, registros de muitos episódios familiares onde crianças, moços e velhos, trajando diferentes estilos de moda, denunciavam o momento daqueles clicks. Depois de contar uma vez mais o propósito da pesquisa e a importância da preservação da memória, ele me confidenciou: sua esposa, a quem conheceu em uma edição olímpica, estava com princípio de Alzheimer e ele não queria expô-la. Preferia guardar dela a lembrança de uma mulher altiva, orgulhosa de suas habilidades e beleza. Perguntei se a doença se manifestava já em grau severo, ao que ele respondeu negativamente. Segui com meu inquérito a respeito de álbuns com fotos, medalhas e outros pertences da vida dela como atleta. Para nossa felicidade estava tudo lá guardado, preservado, em um formato onde o tempo foi capturado como passarinho em uma armadilha, onde apenas as traças insistiam em deixar suas marcas. Sugeri a ele fazermos um teste. Eu voltaria em um outro dia, escolhido por ele. Assim seria possível prepará--la para o encontro. E então tentaríamos resgatar aquilo que ainda estava ali presente, vivo em sua memória, a salvo das mazelas do esquecimento. Se ele achasse que o resultado fosse satisfatório, nós então faríamos uso do material. Aceita a proposta voltei depois de dois dias. Ao abrir a porta do apartamento, lá estava ela. Cabelo arrumado, sutilmente maquiada, usando um batom rosa claro que realçava sua pele clara e os olhos esverdeados. Sentamos os três em torno da mesa de centro onde estavam dispostos os álbuns, objetos dos clubes defendidos por ela e lembranças das viagens olímpicas. E assim ficamos, por quase uma hora, a realizar um trabalho de arqueologia de memória, sob o olhar atento, carinhoso e cuidadoso, de um marido apaixonado por aquela que foi e ainda é sua inspiração.

Psicologia, Esporte e Valores Olímpicos

Embora essa história tenha se passado há aproximadamente 5 anos, seus detalhes são mantidos vivos em minha memória. Talvez pelo cuidado com que aquele marido conduziu todo o processo, talvez pela saída que encontramos para fazer o registro dela que foi uma olímpica em um tempo em que as mulheres não eram mais do que coadjuvantes, talvez pelo fato de vê-lo se preocupar com o que ficaria registrado da memória de sua companheira de vida.

O fato é que de diferentes maneiras isso se repetiu com alguns mais velhos, cujas companheiras e companheiros estavam atentos ao desenrolar da narrativa.

Essa semana a vida me reservou mais uma dessas histórias. De novo no Rio de Janeiro fui ao encontro de um atleta de 94 anos que competiu em 1948. Apesar dos 3 AVCs, do comprometimento motor e das perdas geradas por esses acidentes, sua memória está lá, intacta, e ele não apenas nos atendeu ao telefone, como se dispôs de imediato a nos contar sobre sua história. Cheguei ao apartamento na divisa de Copacabana com Ipanema, já com minha mala de viagem porque dali seguiria direto para o aeroporto. Desconfiado de minha pessoa o zelador perguntou onde eu pretendia ir. Depois de falar o nome do casal que estava a minha espera ele ainda tentou mais informações: "o que a senhora deseja com eles?". Considerei atrevida demais aquela pergunta, mas ponderei que pudesse ser excesso de zelo para com os condôminos. Ao chegar ao apartamento encontrei algumas pessoas que pareciam estar a serviço: empregada, enfermeira, ajudantes. No fundo do corredor, com uma bengala, a esposa de meu entrevistado. Uma senhora pequenina, arrumada e produzida para aquele evento: cabelos escovados, olhos e boca pintados, brincos vistosos. Fomos ao quarto onde nosso olímpico já estava pronto para a entrevista. Sentado em uma poltrona parecia ter saído do banho: cheiroso, pijama com as marcas das dobras de um ferro quente bem passado, travesseiro no colo onde ficava postado o braço inerte, atacado pelo AVC. Embora partes de seu rosto e corpo estivessem comprometidas pelo derrame seus olhos

Ah... Esses homens e mulheres apaixonados

demonstravam a vida de alguém que ainda deseja contar sobre suas aventuras. Falou então sobre sua história no esporte, a migração do Nordeste para o Rio, sua passagem por um único clube carioca ao longo de toda a sua vida, as lembranças de Londres em 1948, sua carreira profissional depois do esporte, enfim, uma narrativa de quase quarenta minutos, ajudado em alguns momentos por sua esposa. Fiquei preocupada porque ele começou a mostrar exaustão, mas quando dei a entender que finalizaria a entrevista ele quis falar mais e eu respeitei. Por fim, ele instruiu sua companheira de 91 anos de idade, e sessenta e poucos de casamento, a mostrar os álbuns, medalhas, diplomas. E lá fomos nós. Ela então reforçou todas as lembranças relatadas por ele e foi acrescentando alguns poucos detalhes. Por fim, disse que ela também já havia sofrido 2 AVCs, mas que, por sorte, ela podia andar e cuidar dele. Sem filhos, lembra que os dois foram grandes viajantes e boêmios. Companheiros de toda uma vida e que apesar de tudo o que estava acontecendo, ela não podia desistir. Afinal, ele é o amor de sua vida!

O peso de ser olímpico

Nesses quase vinte anos de estudos da história de vida de atletas olímpicos brasileiros já vi e ouvi muitas coisas. Fui atraída para esse tema por perceber a relação da figura espetacular do atleta com o mito do herói, resultando em minha tese de doutorado. Para tanto mergulhei no estudo da mitologia com Eliade e Campbell, sem falar em Junito Brandão, nas estruturas do imaginário de Gilbert Duran, de Castoriadis e de Anzieu, e claro, na leitura que a Psicologia Analítica faz com apurada sensibilidade, aproximando psicologia e mito.

Aquela pesquisa me fez buscar na sequência os medalhistas olímpicos brasileiros, afinal eles se transformaram em fonte de inspiração e projeção para muitas crianças e jovens que sonhavam em ser atletas. Assim pude ouvir histórias maravilhosas, singulares e emocionadas de pessoas como Joaquim Cruz, que não poupou esforço nem tempo para me conceder 8 horas de entrevista, que começou em São Paulo e acabou no Rio de Janeiro; a persistência de Tetsuo Okamoto e Manoel dos Santos que nadavam em uma época que não existia piscina aquecida e muitos treinos eram realizados com a água a 13° no inverno; a coragem de Jackie Silva que lutou pelo que achava justo e por isso teve que sair do país para depois voltar e ser a primeira medalhista de ouro da história brasileira; a saga de Rogério Sampaio e Aurélio Miguel na luta pelo direito de treinar e competir sem ter de se curvar aos desmandos institucionais, enfim, não há história olímpica que não seja repleta de atitudes de coragem, que só fazem reforçar a condição heroica do atleta.

Estudar a trajetória de quem foi medalhista olímpico me proporcionou a condição de entender o perfil do atleta brasileiro naquilo que se refere a superação dos limites individuais e sociais. Isso porque chegar à conquista de uma medalha não é apenas expressão de talento pessoal excepcional, porque muitos gozam dessa

Psicologia, Esporte e Valores Olímpicos

condição, mas é estar no lugar certo, na hora certa para usufruir de algum tipo de estrutura que permite que esse talento se desenvolva. Talvez esse seja o quesito fundamental para a manifestação do talento que alguns chamarão de motivação, outros de garra e mais alguns de determinação. Ou seja, equilibrar essa disposição pessoal com as condições do meio para que ele se desenvolva é um misto de natureza e cultura.

O final da pesquisa com os medalhistas me levou a uma nova investigação. Dessa vez meu foco eram as mulheres olímpicas brasileiras, que embora tivessem debutado em Jogos Olímpicos em 1932 só foram conquistar as primeiras medalhas em 1996. A questão central da pesquisa era: o que aconteceu ao longo dessa trajetória? Depois de passar dois anos entrevistando as atletas olímpicas entendi que ali havia outra questão paradigmática: eu comecei a ouvir o discurso de quem perdeu. Os medalhistas me contavam histórias às vezes tristes, às vezes dramáticas, mas todas elas tinham um final feliz. As mulheres, por sua vez, me contavam tudo isso também e várias delas, quando estavam prestes a abraçar seu sonho, o via escapar por entre os dedos. Ali comecei a atentar para a derrota. Ao final dessa pesquisa entendi que era preciso buscar a história de todos, independente do sexo, idade ou classe social, afinal há muito mais derrotados na história do esporte do que medalhistas.

Então, nos últimos dois anos busco pelos atletas olímpicos brasileiros de todos os tempos. Já foram algumas centenas de entrevistas e há ainda outras centenas mais para chegar ao fim. Muitas histórias, muitas angústias, tragédias, tristezas e frustrações foram ouvidas ao longo desses anos. Por mais que eu e todos os membros do grupo que se aventuram a colher essas narrativas tenhamos nos preparado para ouvi-las, em algumas situações ficamos com uma impressão, um gosto amargo de desgosto ao final da entrevista e muitas vezes não sabemos dizer o porquê. Já tentei de diferentes maneiras explicar essa sensação, usando para isso, inclusive, a

O peso de ser olímpico

teoria da contratransferência, porque invariavelmente essa impressão surge após uma história incolor, inodora e insípida. Claro que não me conformava com esse tipo de impressão, afinal, ninguém chega aos Jogos Olímpicos sem ter para isso algum talento.

Essa semana, porém, acredito que encontrei uma resposta para esse incômodo que todos do grupo já sentiram em algum momento. Depois de entrevistar mais um atleta que foi aos Jogos sem conseguir um resultado expressivo e observar sua trajetória, sua vida após essa experiência e suas expectativas no presente em relação ao futuro, ficou claro que tudo aquilo aconteceu sem que ele tivesse controle, sem que tivesse planejado ou até desejado realizá--lo. Ou seja, ele treinava sim, ele competia sim, mas diferente de outros para quem viver a aventura olímpica era uma questão vital, esse atleta foi pego de surpresa por uma daquelas artimanhas que te põe no olho do furacão sem que você soubesse ao menos o que era uma chuva. E então, num estalar de dedos, uma vida simples e sem muitos solavancos se torna uma montanha-russa em que o controle do carrinho está nas mãos de alguém a quem não se sabe nem o nome. logo, de um ilustre desconhecido, o sujeito se torna a celebridade da cidade, assediado pela imprensa local e nacional, que tem que responder a questões que dizem respeito a sua vida e seu futuro e para as quais ele nunca ousou construir uma resposta. Levado por aquele tsunami é preciso então se preparar para falar, para vestir o uniforme certo, para treinar, competir e ganhar, porque assim todos passam a desejar e exigir... mas, até tão pouco tempo atrás a vida era só treinar... como fazer com tudo isso?

Chegam então os Jogos e vive-se uma experiência momentânea que se eterniza. Durante uma tarde, três jogos, tudo aquilo se apaga como as velas de um bolo de aniversário após se cantar o parabéns, anunciando o final de uma festa. Aquela derrota faz a vida voltar ao seu lugar de origem, cercada pelo peso do esquecimento que quase sempre acompanha quem perdeu. E, da mesma forma que a consciência não tem o apelo do esquecimento ou da

Psicologia, Esporte e Valores Olímpicos

volta ao estágio anterior ao contato com o conhecido, a sensação heroica também não se apaga quando a festa olímpica se acaba e o resultado foi pífio, porque foi possível, ainda que por um breve instante, experimentar uma condição quase divina, de imortalidade, de marca para a posteridade, de eternidade. E assim como se é preciso preparação física e técnica para se chegar a esse nível de competição é preciso preparo emocional para lidar com qualquer que seja o resultado advindo dela.

Não é simples visitar o Olimpo e depois voltar à irrealidade cotidiana, ordinária.

Ao final daquela entrevista pude constatar o que já havia percebido, mas não entendido em outras entrevistas. Para muitos, ser olímpico é um peso demasiado, incapaz de ser suportado em uma existência comum. Não há explicação possível para uma vida monocromática quando se chegou tão perto do brilho celeste. Contudo, lá está ele, buscando de alguma forma dar direção à sua existência normal, mortal, simples como um prato de arroz com feijão, que mata a fome sim e que pode ser tão especial como um banquete. Assim como o contato com o conhecimento impede o retorno à ignorância, conviver com os deuses pode causar a falsa impressão da imortalidade.

Por isso, uma vez mais é preciso chamar à razão os dirigentes sobre a responsabilidade da convocação de atletas que não tenham sido preparados para esse desafio. As sequelas de uma experiência frustrada podem comprometer toda uma existência.

Os valores universais do esporte

Essa semana fui procurada para falar sobre a medida do COI de punir a Arábia Saudita caso o Comitê Olímpico local insista em manter sua determinação em impedir que suas mulheres atletas representem oficialmente o país.

Como sempre, Rodrigo Cardoso, repórter da Isto É, me instiga a refletir sobre coisas que parecem banais, mas que têm dimensões muito maiores e duradouras. Foi assim com vários dados da pesquisa sobre os atletas olímpicos brasileiros e agora com essa notícia. Seria mais uma entrevista, não fosse o resgate de uma questão que parece esquecida na história do Movimento Olímpico Internacional: a participação feminina nas competições esportivas olímpicas ou não.

Hoje isso nos parece normal, natural, desejado, mas nem sempre foi assim.

Basta apenas lembrar que Pierre de Coubertin em pessoa proibiu as mulheres de participarem dos Jogos Olímpicos de 1896 e só reviu essa posição porque os Jogos de 1900 ocorrem em uma Paris mobilizada pelo movimento feminista que reivindicava não apenas o direito ao voto, mas a igualdade de direitos em geral. Embora não se falasse que a participação das mulheres na sociedade fosse uma questão de Direitos Humanos era isso que ali se estava a construir. O que de fato impedia e distanciava as mulheres do exercício pleno da cidadania? As respostas são variadas e passam inevitavelmente pela disputa de poder não apenas dos homens, mas de homens criados em uma sociedade específica em que viviam seus papéis sociais de forma intocada pelo fato de serem de uma determinada classe social, defensores de valores tomados como universais.

Valores universais... aí reside uma questão para reflexão.

Psicologia, Esporte e Valores Olímpicos

A proibição imposta por Coubertin no final do Século XIX assentava-se em determinantes biológicos que conferiam à mulher a condição de frágil (dos nervos), com disposição para outros afazeres e papéis sociais (como ser mãe) ou de brilhar nas arquibancadas como as espectadoras do espetáculo masculino que era o esporte. Enfim, sempre coube aos articulados e inteligentes a criação de argumentos para justificar seja lá o que for, inclusive a injustiça. Passado mais de um século o COI se coloca agora do outro lado. Atento aos movimentos de uma sociedade multicultural e multiétnica, que age e se organiza sob a batuta de interesses políticos e econômicos de diferentes matizes e matrizes, o COI coloca-se agora em defesa daquelas que são oprimidas, relegadas à invisibilidade e ao esquecimento, conforme as avaliações realizadas por diferentes fontes do Ocidente. Afinal, esperam que o caso da Arábia Saudita seja exemplar para o mundo muçulmano que impede suas mulheres de circularem livremente!

Ah a liberdade! Que notável essa bandeira de luta!

Encontrei uma matéria no jornal O Estado de São Paulo, de 2008, que já falava sobre isso[1] e, embora já se tenham passado 4 anos, o tema volta à baila como se fosse novo, inédito ou inusitado. Fico me perguntando por que o silêncio desses anos e o recente interesse pelo tema. Afinal, a participação da mulher na vida em sociedade é um direito humano básico e não artigo olímpico, como alguns agora fazem supor.

No preâmbulo da Declaração Universal dos Direitos Humanos de 1948 está escrito que o

> [...] desprezo e o desrespeito pelos direitos humanos resultaram em atos bárbaros que ultrajaram a consciência da Humanidade e que o advento de um mundo em que

---

[1] Disponível em <http://www.estadao.com.br/noticias/esportes%20pequim2008,cresce-o--numero-de-atletas-muculmanas-com-veus-na-olimpiada,221279,0.htm>.

Os valores universais do esporte

os homens gozem de liberdade de palavra, de crença e da liberdade de viverem a salvo do temor e da necessidade foi proclamado como a mais alta aspiração do homem comum," e "que os povos das Nações Unidas reafirmaram, na Carta, sua fé nos direitos humanos fundamentais, na dignidade e no valor da pessoa humana e na igualdade de direitos dos homens e das mulheres, e que decidiram promover o progresso social e melhores condições de vida em uma liberdade mais ampla.

Esse preâmbulo foi escrito para apresentar o texto seguinte que é a declaração propriamente dita. Já no Artigo I encontra-se a justificativa que aponta o exercício da igualdade de direito: "Todas as pessoas nascem livres e iguais em dignidade e direitos. São dotadas de razão e consciência e devem agir em relação umas às outras com espírito de fraternidade". É fato que Pierre de Coubertin não viveu para ver e ouvir essa declaração e, portanto, ele não teve oportunidade de rever seus conceitos sobre a participação das mulheres nos Jogos Olímpicos. Ou teria achado que isso não se aplicaria a elas? Isso não isenta de responsabilidade todos os demais dirigentes que vieram depois dele e pouco ou nada fizeram para impedir essa injustiça histórica contra as mulheres que teriam todos os argumentos possíveis para justificar sua participação nos Jogos Olímpicos fazendo uso do Artigo II dessa mesma declaração, onde se pode ler: "Toda pessoa tem capacidade para gozar os direitos e as liberdades estabelecidos nesta Declaração, sem distinção de qualquer espécie, seja de raça, cor, sexo, língua, religião, opinião política ou de outra natureza, origem nacional ou social, riqueza, nascimento, ou qualquer outra condição".

Pergunto então: Por que o COI esperou tanto a ponto de somente permitir que as mulheres corressem a Maratona nos Jogos Olímpicos de 1984 ou saltassem com vara apenas nos Jogos de 2000 se a Declaração dos Direitos Humanos, a mesma que agora é usada contra a Arábia Saudita, foi assinada em 1948?

Psicologia, Esporte e Valores Olímpicos

É bom que se lembre que sendo uma declaração universal ela deveria estar acima de uma lei nacional ou regional, mas se assim o fosse, outros tantos abusos não teriam sido cometidos após sua promulgação.

Volto novamente à possível exclusão da Arábia Saudita que mantém o veto a suas mulheres de participar dos Jogos Olímpicos, possível argumento para uma medida de sansão do COI. Seria mesmo o impedimento das mulheres o argumento para sua exclusão? Isso porque em um mundo onde essas mesmas mulheres não podem exercer o direito de usar seus véus em escolas e outros espaços públicos (como na França de Nicolas Sarkozy), mas já o fazem no esporte após muita discussão e controvérsia, o que de fato estaria ocorrendo agora?

É bom que não se esqueça que em breve teremos uma Copa do Mundo no Qatar, país que agora não impede suas mulheres de irem aos Jogos Olímpicos (embora isso tenha acontecido apenas em 2012 com a nadadora Nada Arkaji e à velocista Noor al-Malkia), mas que não tem qualquer tradição nessa questão, e que Doha é uma das cidades postulantes aos Jogos Olímpicos de 2020. Não tenho dúvidas que a disposição do Qatar em permitir que duas de suas milhares de mulheres apareçam para o mundo em uma disputa olímpica seja para "provar" que não há impedimentos para que elas pratiquem esporte. Isso nem de longe significa a universalização da prática esportiva pelas mulheres.

Durante um tempo chegou-se a alegar que um dos motivos para a restrição à prática seria a obrigatoriedade do véu (*hijab*, em alguns países, *burka* em outros). Porém, em Pequim, atletas como a esgrimista egípcia Shaimaa El Gammal e a velocista Al Ghasara, do Bahrain, provaram não ser esse o impedimento. Orgulhosas de sua cultura e tradições, essas atletas declararam em diferentes veículos de comunicação a felicidade de poder representar seus países levando consigo as marcas de suas origens, tão diferentes

Os valores universais do esporte

das tradições Ocidentais, declaradas universais no terreno olímpico por mais de um século.

Talvez estejamos observando uma nova virada no Movimento Olímpico. Diante da dificuldade de impor suas tradições inventadas aos países que historicamente ficaram à margem desse processo, o COI curva-se agora diante do poder econômico desses que já foram os primos pobres de tantas instituições ocidentais.

Ulisses e a pesquisa olímpica

Lendo ontem o livro Ulisses, o herói da astúcia, de Maria Zélia de Alvarenga e Sylvia Mello Silva Baptista, da coleção Heróis e Heroínas da Mítica Grega, tive algumas ideias luminosas. É muito bom poder ter tempo para poder ler coisas interessantes e deixar a imaginação rolar.

Essa semana foi muito intensa com o volume de trabalho de sempre e novidades que ainda não sei avaliar bem em que direção vão, mas, aí acontecem encontros com ideias, textos, pessoas que sugerem essa instância mítica do acaso, ou da sincronicidade, como diria Jung.

Meu encontro com Homero e com Ulisses (Odisseu, em grego) se deu ainda em meu doutorado, quando estudei a relação entre a figura mítica do herói e a formação da identidade do atleta. Naquela ocasião li a Odisseia inúmeras vezes e não foi pequeno o encantamento que esse herói me causou. Sua astúcia e persistência em buscar seu objetivo (o retorno a Ítaca) permaneceram em minha memória mesmo depois de terminada a tese. É muito bom pensar que uma atitude heroica está para além da força e da coragem para a guerra. Muitas vezes desenvolvemos a habilidade para a sobrevivência superando as dificuldades e as adversidades e isso envolve paciência, humildade e inteligência, características pouco relacionadas com um herói mas as grandes virtudes de Ulisses.

No doutorado já fiz uso das histórias de vida, mas tinha que me prender a autores que fundamentassem minha análise, afinal eu ainda não podia pensar por conta própria e para isso aquele título me valeria. Por isso caminhei com Joseph Campbell e Gilbert Durand pelos caminhos do Herói das mil faces e das Estruturas antropológicas do imaginário. Quando fui fazer a livre-docência, e a tese era sobre os Medalhistas Olímpicos Brasileiros, penei muito em busca de uma justificativa para aquelas tantas histórias.

Psicologia, Esporte e Valores Olímpicos

Eu não queria categorizá-las, compartimentalizá-las, recortá-las como tecido para compor uma colcha de retalhos. Não queria que delas fossem retiradas falas recortadas para algum tipo de análise de discurso ou de conteúdo. Queria ser o mais fiel possível às narrativas porque nelas encontrava o texto e o contexto. E assim nasceu Heróis Olímpicos Brasileiros e Medalhistas Olímpicos Brasileiros: memórias, histórias e imaginário. Como já era doutora podia cometer a ousadia de propor meu próprio método, muito embora corresse o risco de ser trucidada pela banca. Depois de sobreviver a esse momento, o que me pareceu a passagem de Ulisses por Cila e Caríbdis, dediquei-me a estudar as histórias de vida dos atletas olímpicos brasileiros, apurando a pesquisa para que as narrativas pudessem ganhar forma, afinal elas não são menos fantásticas do que as tantas aventuras mitológicas.

Parece simples dizer isso quando se trabalha arduamente dentro de uma perspectiva metodológica por quase 15 anos, e de fato o é. Mas, isso não parece assim tão simples para os meus orientandos que, quando questionados, às vezes de forma positiva, mas muitas vezes de forma destrutiva, têm dificuldade de se defender de tantos ataques. Eles então partem em busca de muitas outras referências teóricas seja na História, na Sociologia, na Filosofia e mesmo na Psicologia para se sentirem mais seguros para enfrentar os tantos embates, seja nas disciplinas que cursam nas unidades da universidade, seja ainda em congressos de diferentes áreas temáticas. Nossa última reunião foi uma prova disso. Gastamos toda uma manhã discutindo um texto de um historiador para falar sobre como a história oral é vista dentro da História. Isso me fez relembrar o doutorado quando eu tinha dúvidas se me referiria ao meu objeto como estórias de vida ou histórias de vida, só para fugir dessa cilada e evitar perda de tempo com discussões estéreis sobre a validade ou não de tudo aquilo.

E assim volto ao livro de Maria Zélia e Sylvia, lido ontem à noite, à luz e ao calor de uma lareira em Campos de Jordão, um dia

Ulisses e a pesquisa olímpica

depois dessa longa discussão. Leitura feita sem pressa, sem marca texto, nem computador para fichamento. Era uma leitura para mim e não tinha qualquer outra finalidade senão me proporcionar o prazer de ler para a alma. Bem como alguns deuses pontuam o caminho dos heróis lá estavam algumas passagens interpretativas de Ulisses pautadas na Psicologia Analítica de Jung. Com a competência de quem decifra mistérios fui entendendo com mais clareza o que é de fato escrever ou contar a vida de um atleta olímpico, sem dúvida um herói. Cada um, em sua modalidade e a seu tempo, marcou a história de sua família, de sua cidade e, por que não, do país. Por isso vamos ao encontro de cada um deles pedindo detalhes, lembranças, coisas miúdas, coloridas, cheirosas, doces, amargas, azedas, enfim, uma mistura de pensamento, sentimento, sensação, intuição, conforme a tipologia junguiana.

A revelação se fez, porém, quando cheguei no trecho em que as autoras apontam que o Aedo, cantor e poeta na mítica grega, é a figura mais importante a seguir o herói, sempre poupado nos confrontos bélicos por ser quem leva adiante, pela via da tradição oral, as situações vividas e presenciadas. O Aedo é aquele que canta para os deuses e para os homens. Tanto é assim que ao matar todos os que se encontravam no salão importunando Penélope, Ulisses poupou o Aedo e o Arauto. Justificam as autoras:

> [...] é preciso manter alguém para contar, ou cantar, uma história. O Arauto e o Aedo são as melhores figuras para tal função. O cantor e o contador são vistos sempre com compaixão, como se, por estarem a serviço da arte, da manutenção da memória dos feitos e fatos, estivessem acima das disputas e dos lados. Há um enorme apreço pelos cantores, cuja função primeira é a de alegrar e insuflar nos corações palavras doces que encorajem o herói e todos à sua volta. Como o bobo da corte, que tem a licença de tudo observar e tudo falar, o Aedo e o Arauto são representações da consciência na sua faceta

Psicologia, Esporte e Valores Olímpicos

não julgadora, com a nobre função de registrar e contar – e assim, eternizar – o vivido.

Ali estava uma resposta sobre toda essa saga que é a pesquisa sobre os Atletas Olímpicos Brasileiros. Até aqui são 1.682 atletas, antes dos Jogos Olímpicos de Londres. São 1.682 histórias marcadas por renúncias, conquistas, revezes, dor, mas todas elas realizadas por alguém mortal que foi capaz de sair da média, e pela excelência, se aproximar do divino realizando um feito heroico. Muitas delas já caídas no esquecimento, pelo véu espesso do tempo que apaga até memórias mais agudas.

Percebi que nesse sentido somos uma espécie de Aedo, com perfil acadêmico, que busca recontar essas histórias, reacendendo a chama que cada um desses atletas, a seu modo e a seu tempo, viu acesa, luminosa, numinosa. Temos esse perfil acadêmico porque retiramos das histórias muitas informações que se tornam dado de análise e nos permite fazer uma leitura atenta e apurada do desenvolvimento do esporte olímpico brasileiro.

Mas, entendi depois dessa leitura, que o combustível e o motor de tudo isso é a possibilidade de manutenção da narrativa sobre os feitos olímpicos. Perpetuando com a mitologia os feitos heroicos de todos os atletas.

Confesso que estou cansada de querer provar que isso é ciência. Já não tenho mais paciência para afirmar e reafirmar que podemos assim contribuir para uma outra metodologia dentro das ciências humanas, em que o ser é o mais importante e evidente material de uma pesquisa.

Sinto que, depois de tudo, é muito confortável afirmar que sou sim uma contadora de histórias.

Referências bibliográficas

ALVARENGA, M. Z.; BAPTISTA, S. M. S. *Ulisses, o herói da astúcia*. São Paulo: Casa do Psicólogo, 2011.

RUBIO, K. *Heróis Olímpicos Brasileiros*. São Paulo: Zouk, 2004.

RUBIO, K. *Medalhistas Olímpicos Brasileiros: memórias, histórias e imaginário*. São Paulo: Casa do Psicólogo, 2007.

A retomada do mito do herói

Hoje é um daqueles dias ideais para reflexão: é segunda-feira de uma semana que tem um feriado na terça, chove a cântaros, estou em Campos de Jordão com a lareira acesa desde que acordei porque também está frio, não há sinais de vida há muitos metros de distância e tenho em mãos ótimos livros, boa comida e boa companhia. Vim para cá nesse feriado disposta a fazer apenas o que meu corpo precisasse e minha alma mandasse, ou seja, nada daquilo que vem com o prólogo: *você tem que...*

Curiosamente em uma de minhas leituras – O graal: Arthur e seus cavaleiros –deparei-me com as três tentações sofridas por Buda. Para quem não sabe, a primeira foi a *luxuria*, da qual ele se safou facilmente. A segunda foi o *medo*, condição prontamente superada. A terceira, e mais difícil de todas, foi o *dever*. Isso porque o demônio chegou até Buda e disse que seu país estava sendo invadido e ele "tinha que" defender seu povo, sua família e seu país. Por isso, contrariando as expectativas geradas em torno de si, Buda superou o mais terrível de todos os momentos e não se submeteu a imposição, rompendo um de tantos condicionantes ao qual todos estamos submetidos desde que nascemos.

Já faz um tempo que me atormenta esses afazeres determinados pelas condições externas. Eles nos levam a fazer aquilo que não gostamos e não queremos, tornando-nos obrigados porque um ente maior mobilizado pela assertiva "você tem que" nos move em direção a uma sentença, que nos amarra todos os dias pela vida afora. O mais curioso é que poucas vezes nos damos conta que esse "você tem que" não guarda nenhuma relação com o "eu quero que".

Muito bem. Nesses 15 anos de pesquisa a temática do atleta e o mito do herói, que foi explorada em minha tese de doutorado e depois se diluiu em alguns textos, ganhando novos contornos e alcançando novos limites, observei que, como um chamado ela

Psicologia, Esporte e Valores Olímpicos

volta ao meu temário como que dizendo que é hora de ressignificar algumas questões em função das tantas informações acumuladas nos últimos anos. Cedi a esse "você tem que" porque me pareceu justo retomar algo que me mobilizou e me mobiliza, que é meu ponto de partida e de chegada para o entendimento da busca do limite, da superação. Nesse sentido, a leitura dos livros de Mariza Zélia Alvarenga foi uma sincronicidade das mais felizes, ela que é uma junguiana de mão-cheia e tem uma predileção pelos mitos heroicos.

Estamos às portas de mais uma edição dos Jogos Olímpicos e os discursos produzidos para a narrativa dos feitos dos atletas parecem sair de baús empoeirados, abertos de quatro em quatro anos, como se pudessem ser esquecidos durante esse período por todos aqueles que se dizem interessar por esse fenômeno. Já não me incomodo mais com eles, afinal também desenvolvemos a arte da dessensibilização como forma de sobrevivência à boçalidade, à banalidade e à falta de conteúdo. O que de fato me aflige nesse momento é que nem todos entraram na fila da vacina contra esse mal, principalmente os atletas, protagonistas do espetáculo esportivo, estes sim sujeitos ao vaticínio do dever, do "você tem que". Vejo o quanto de energia é gasto na busca da manutenção de suas identidades, às vezes tão frágeis, tão suscetíveis, contrastando com a atitude heroica desejada na jornada esportiva.

O herói, frequentemente honrado pela sua comunidade em virtude de seus feitos, é lembrado através de contos populares, representado sob o ponto de vista moral ou físico, dependendo do objetivo. Segundo Campbell (1990), é alguém que encontrou ou realizou algo excepcional, que ultrapassou as esferas de sua própria realidade.

Dessa forma, ele se preserva, muitas vezes associado a um sentimento de sagrado, opondo-se ao racional e melhor se expressando através do afetivo. A ligação com o herói pode se dar no relacionamento de valores, na identificação do "eu" interior com

A retomada do mito do herói

o mundo exterior, fazendo com que o indivíduo, longe do campo de batalha ou do ambiente esportivo, sinta-se unido àquele que lhe é admirado, satisfazendo a necessidade condicionada de evitar o isolamento e a solidão moral (Fromm, 1977).

É por isso que Alvarenga (2009) afirma que o herói se define

> [...] pela façanha executada. Herói e façanha, façanha e herói se fundem, gerando um nome próprio. Em seu nome reside sua força e seu esplendor. O herói é o personagem primordial que faz o que somente ele pode fazer. É a possibilidade de o ser humano tornar-se pessoa singular, fazer-se como indivíduo, traduzir-se como imparidade.

Na prática esportiva essa representação se amplifica por viabilizar a representação da possibilidade do vir a ser. Rubio (2001) afirma que atletas já consagrados tiveram que, inevitavelmente, percorrer um caminho comum e, assim como os heróis da Antiguidade, realizaram feitos em um determinado momento que os elevaram em um nível diferenciado de seus semelhantes, tornando-se exemplo para os mais jovens e objeto de admiração para os mais velhos, alcançando muitas vezes a posição de ídolos nacionais ou internacionais.

Conforme aponta Alvarenga (2008: 20) o herói é um personagem que faz o que somente ele é capaz de fazer e por isso desperta no ser humano a possibilidade de ser singular, de fazer-se como indivíduo, de traduzir-se como imparidade. E nesse sentido desperta o processo de projeção e de identificação.

> O coletivo, identificado com o seu herói, corre junto nas pistas, desafia as alturas, combate as monstruosidades, atravessa oceanos em busca de terras novas. O coletivo desfila junto com o herói, com bandeiras nas costas, como torcida organizada. E vibra por receber a medalha.

A espetacularização e a racionalização do espetáculo esportivo têm levado o esporte, e o atleta, a serem vistos apenas como mais um produto de consumo. A consequência dessa exploração é a racionalização daquilo que ele possui de mítico. No mito, o herói se dedica a outrem, a causas externas e à salvação da humanidade. Na sua versão racionalizada ele se torna um personagem necessário ao sistema e tem suas realizações voltadas para si próprio denotadas em signos manifestos em uma vida de pseudofartura. E então chegam os Jogos Olímpicos, momento em que são postos de fato à prova e "têm que" mostrar quem são, o que de fato podem, por um coletivo que pouco sabe e nada conhece da imensidão da humanidade que habita aquela persona heroica.

Mas, como nos lembra Maria Zélia, o herói se define pela façanha executada. Herói e façanha, façanha e herói se fundem, gerando um nome próprio, tradução de sua natureza.

É por isso que eu continuo a estudar a trajetória dos atletas olímpicos e a encontrar neles os traços que tanto os identificam com o herói. Porque, a seu tempo, à sua maneira, eles dão sentido à efemeridade da vida de muitos que pouco seriam para seu grupo social, sua cidade ou seu país, mas, que naquele fazer específico se destacam e têm o brilho que norteia a busca de cada um de nós. Afinal, como apontam Maria Zélia, não há como servir-se do herói do outro para cumprir nossas próprias missões. Se assim o fizermos, continuaremos sendo filhos do pai-herói, amigo do amigo herói etc.

Que os atletas olímpicos nos inspirem na busca da condição heroica que desempenhamos nas nossas atividades, afastando-nos do dever insano que nos dirige apenas para o "tem que".

Referências bibliográficas

ALVARENGA, M. Z. *O graal: Arthur e seus cavaleiros*. São Paulo: Casa do Psicólogo, 2008.

A retomada do mito do herói

ALVARENGA, M. Z. *Édipo. Um herói sem proteção divina*. São Paulo: Casa do Psicólogo, 2009.

CAMPBELL, J. *O poder do mito*. São Paulo: Palas Athena, 1990.

FROMM, E. *O medo à liberdade*. Rio de Janeiro: Zahar, 1977.

RUBIO, K. *O atleta e o mito do herói*. São Paulo: Casa do Psicólogo, 2001.

RUBIO, K. *Heróis olímpicos brasileiros*. São Paulo: Zouk, 2004.

RUBIO, K. *Medalhistas olímpicos brasileiros: histórias, memórias e imaginário*. São Paulo: Casa do Psicólogo, 2006.

Que droga!

Minhas primeiras memórias olímpicas remetem aos Jogos de Montreal, quando não despreguei os olhos da televisão encantada com a magia de Nadia Comanecci. Naquela época eu era praticante de ginástica na escola, muito embora também já jogasse voleibol. Tenho a recordação de cenas dos Jogos de Munique, mais especificamente do atentado à Vila Olímpica, homens encapuzados, tensão, mortes. Como aqueles também eram tempos sombrios no Brasil, não sei distinguir se na minha memória ficou registrado apenas o atentado terrorista ou se aquilo era uma manifestação de todo o medo que sentia pelas coisas que aconteciam aqui. Nada como estudar a memória para agora ter isso mais claro.

Não lembro nada dos Jogos de 1968 no México. Eu só tinha 6 anos, a TV de casa era em preto e branco e ninguém era aficionado o bastante para acompanhar jogos durante o dia. Faço essa volta no tempo para tentar lembrar qual é a minha primeira lembrança sobre *doping* e, inevitavelmente, chego em 1988 e Ben Johnson. Faço esse exercício sempre que deparo com o tema. Muito embora já tenha lido bastante sobre isso, e agora ouço o depoimento de vários atletas que conviveram, principalmente nas piscinas e nas pistas, com aqueles que fizeram uso de substâncias ergogênicas e ainda tento entender quais os caminhos que essa questão trilha.

Ontem, 02 de maio de 2012, em editorial da Folha de São Paulo, Helio Schwartsman discutiu a questão do passaporte biológico, registro eletrônico dos parâmetros biológicos que cada atleta profissional passou a ter para regular sua vida. Essa política foi instituída para coibir o uso de substâncias dopantes, que ajudam o atleta a alcançar bons resultados, a vitória, os prêmios, os patrocínios, enfim, as razões maiores do que parece ter se transformado o esporte no mundo contemporâneo, muito embora, no passado, as coisas não tenham sido bem assim. Cagigal, um grande filósofo do esporte, conta que o termo *doping* (drogado) começou a ser usado nas corridas de cavalos, primeiro esporte em que se utilizou fármaco clandestinamente para conseguir que um determinado cavalo corresse mais lento e perdesse. Hoje este termo designa a ingestão de substâncias usadas para conseguir justamente o contrário: tentar vencer. Se a proposta do esporte passa a ser a vitória a qualquer preço é de se esperar que qualquer meio justifique esse fim. Uma visão que tem prevalecido no esporte é a de que as metas dos atletas se concentram na competição e na conquista de marcas sempre superiores. Para tanto é preciso aprimorar cada vez mais o corpo deste individuo já excepcional para conseguir estes fins. Quando um atleta tem determinação por vencer a qualquer preço e a instituição e equipe que o cercam compartilham desse espírito, alguns excessos podem ser cometidos, fazendo com que valores éticos sejam preteridos. Assim, a automanipulação hormonal mostra-se como um meio eficaz para a superação dos obstáculos que se apresenta. É o que aponta do texto da FSP.

Diante da dificuldade de detectar antecipadamente as substâncias ou estratégias outras que aumentam o rendimento a atitude das autoridades esportivas caminha para a repressão máxima, a fim de punir ou mesmo banir do esporte aqueles que quebrarem as regras. Se até aqui uma amostra de urina ou de sangue era suficiente para gerar uma contraprova que poderia colocar o atleta no banco dos réus, agora as coisas caminham por outras vias.

A ideia do passaporte biológico é destituir o panóptico do controle *antidoping* referendado até aqui pelas instituições esportivas para instituir um grande irmão mais poderoso: ele fará o controle longitudinal da vida do atleta, denunciando qualquer alteração em seu perfil hematológico ou metabólico que possa sugerir alteração dos parâmetros apontados como normais em algum momento de sua vida. Espera-se com isso coibir, por exemplo, a remodificação genética, um dos grandes temores que ronda piscinas, pistas, quadras, ginásios e campos, favorecendo resultados.

Que droga!

Muito bem. Entendo que essa discussão deve ser feita sem hipocrisia considerando todos os agentes envolvidos nela, superando as questões apenas morais, alcançando a ética que norteia não apenas a prática esportiva, mas principalmente a competição. O esporte em seus primórdios era o campo privilegiado da contenda justa, um terreno metafórico para as disputas que levavam a morte, que viu as regras serem criadas com o firme propósito de garantir a igualdade de direito entre os competidores. Isso fazia dessa atividade humana uma das mais democráticas, afinal, todos eram iguais diante da regra.

Com o fim do amadorismo, o esporte converteu-se em um meio de vida, uma atividade profissional, alterando radicalmente alguns de seus princípios. Agora homens e mulheres com habilidades fora da média recebem altas remunerações para cumprir determinadas atuações. Os atletas de alto nível, igual a outros profissionais destacados, permanecem em uma luta constante pela primeira posição. Para isso precisam de um corpo excepcional, perfeito, fora da média, cujo prazo de validade é cada vez mais curto em função dos altos níveis de exigência de treinamentos e competição.

Entendo que a lógica que prevalece no esporte contemporâneo é paradoxal na medida em que imputa ao atleta a responsabilidade pela manutenção de um corpo perfeito e fora da média para alcançar resultados cada vez mais improváveis a corpos comuns, absolutamente humanos. Por outro lado, espera-se desses super-humanos, heróis esportivos, atuações cada vez mais incomuns, levando-os a se sujeitarem a quaisquer métodos, técnicas ou estratégias que proporcionem esse resultado. Como ratos de laboratórios, submetem-se ao "novo", ao "inédito", ao "indescritível" em busca daquele centésimo de segundo que pode levá-los ao pódio ou ao recorde.

Mas não é justamente essa a lógica do esporte? Pois é. Eu responderia que, em princípio, sim, porém, a partir daqui fugimos do campo da racionalidade rasa e adentramos no terreno da ética do esporte e do *doping* que poucos no Brasil se atrevem a fazer.

Psicologia, Esporte e Valores Olímpicos

Diferente do que ocorre em outros países onde há técnicos, atletas e estudiosos dispostos a discutir essa questão em sua essência, aqui se prefere acatar as regras do jogo, ou seja, nada é possível e permitido, e por outro lado busca-se burlar essas determinações, colocando em risco, não apenas os resultados, mas a própria vida do atleta. O que quero dizer com isso é que funcionando como a Santa Inquisição que busca fariseus em todos os rincões do planeta o controle *antidoping* tornou o atleta um escravo de um sistema que insiste em caçá-lo, privando-o de sua liberdade de ir e vir, como qualquer outro ser humano. Não estou aqui defendendo o uso indiscriminado de substâncias ergogênicas, mas defendo sim a privacidade do atleta.

Não bastassem os *scanners* em aeroportos, as portas automáticas dos bancos e tantas outras formas de controle da sociedade, o passaporte biológico agora regula a vida e o corpo do atleta levando-o a ser um escravo do sistema esportivo. Curiosamente, o esporte imaginado por Pierre de Coubertin tinha como valor básico a educação e a cultura e poderia ser tomado como um agente para a paz universal e para o desenvolvimento das potencialidades humanas. Óbvio que assim como o Barão não podia imaginar que o esporte olímpico pudesse se transformar na potência que agora é, tampouco poderia supor que os protagonistas do espetáculo esportivo também pudessem ser uma espécie de entidade biológica manipulável em laboratório.

O que resta é desejar que um pouco da proposta inicial relacionada com a educação e a cultura volte a fazer parte do processo formativo da vida do atleta para que ao invés de regular ou policiar sua existência ele possa ser um agente de transformação. Deixo aqui registrada a proposta de alguns europeus que entendem que se o desejo do ser humano é buscar limites, e que se o esporte é um desses instrumentos, que seja então criada uma competição onde não haja restrições. Ou seja, que cada um use o que bem entender

Que droga!

para alcançar o melhor resultado. Assim, toda a discussão gerada em torno do que é proibido ou não mudaria de rumo.

Da minha parte sou levada a crer que ainda que fosse liberado o uso de substâncias em uma competição esportiva específica, o desejo de uma medalha olímpica ainda é capaz de levar o incapaz a correr qualquer risco para obtê-la, afinal o herói olímpico é forjado ali e não em qualquer outra arena. Portanto, educação e esclarecimento são fundamentais para que novos escândalos ou desilusões não voltem a ocorrer.

A força da cultura no esporte

Nos últimos dias acompanhei de perto o Brasil Open de Tênis de Mesa, campeonato que reuniu 110 atletas de cinquenta países. É muito bom ver os melhores atletas da modalidade juntos, mostrando suas habilidades e também compartilhar esse clima de ONU esportiva que todo campeonato internacional proporciona: intercâmbio cultural, tietagem, modelo de referência de identidade e quase formação de ego ideal.

Um fato é inegável: a predominância oriental na modalidade, para não dizer a primazia chinesa nesse esporte. Em função da intensa massificação da modalidade, da formação de excelentes atletas e apenas 6 vagas (3 masculinas e 3 femininas) em Jogos Olímpicos para um país com mais de um bilhão de habitantes como a China, não é de se estranhar que haja chinesa polonesa, chinesa americana, chinesa francesa, defendendo Cingapura ou muitos outros países. Por este motivo, por uma questão de sobrevivência, muitos atletas chineses partem em busca de oportunidades e são acolhidos como atletas, como futuros campeões, ou ainda, como heróis nacionais em países que não conhecem o idioma, que têm características físicas absolutamente distintas, mas por tudo isso vestem literalmente a camisa de um novo país e passam a ser mais um dos seus.

Para o Brasil isso não é muito diferente. País acostumado a acolher e a incorporar a diversidade, que viu o esporte se desenvolver juntamente com o processo imigratório, uma vez que as práticas esportivas faziam parte do repertório cultural dos imigrantes que aqui chegaram, assiste no presente a mais um desafio: superar, também no tênis de mesa, a máxima ouvida de outras práticas esportivas – a impossibilidade de se superar a matriz!

Melhor eu explicar isso direito. Se olharmos para a história do esporte olímpico brasileiro vamos observar que há algumas

Psicologia, Esporte e Valores Olímpicos

modalidades que se firmaram ao longo das décadas, muito embora algumas nem tenham conquistado medalhas. É o caso do futebol, do atletismo ou remo no início da participação brasileira e outras modalidades que foram ganhando força e criando tradição nas edições olímpicas mais recentes.

Assim aconteceu com o voleibol. Esporte tradicionalmente dominado pelos países da chamada Cortina de Ferro até os anos 1970 assistiu a uma reversão nesse quadro a partir dos anos 1980 quando então uma "revolução" ocorreu por conta de uma série de fatores. É possível começar pela "exportação" dos atletas brasileiros, que em contato com atletas de outras escolas, começaram a "inventar uma tradição"[1], levando ao desenvolvimento de um novo estilo de se jogar voleibol, um estilo brasileiro. Isso não ficou restrito apenas aos atletas. Técnicos, preparadores físicos, médicos, psicólogos, estatísticos etc. saíram por esse mundo de meu deus buscando informações para serem aplicadas junto aos atletas. Alguns afirmam que foi uma estratégia de tentativa e erro, um processo de seleção natural que fez um grupo chegar à medalha de prata em 1984, consagrando aqueles como a geração de prata, e inaugurando um novo tempo para o voleibol brasileiro. Somado a isso houve também uma mudança na gestão do voleibol que somou a profissionalização de alguns times à cumplicidade da mídia na veiculação das competições, transformando-as em um espetáculo para além dos ginásios. Assim estavam dadas as condições para que o voleibol brasileiro se transformasse em uma referência mundial, medalhista e campeão olímpico no feminino e no masculino, com um estilo copiado em vários outros países.

Claro que isso não ocorreu sem esforço. Já se vão quase trinta anos de movimento intenso por parte de quem se dedica a ver o esporte nesse patamar. Pessoas incansáveis que dedicaram

---

[1] O termo tradição inventada foi cunhado pelo historiador Eric Hobsbawm que afirma que toda tradição teve seu início de forma casual ou pensada, mas que passou a ser adotada como obrigatória a partir de um marco que no presente pouco se sabe onde se iniciou.

A força da cultura no esporte

suas vidas para ter o esporte nessa condição para não mais ouvir que é impossível ganhar de poloneses, soviéticos ou americanos. O mesmo pode ser visto com o judô. Criação do japonês Jigoro Kano, esse esporte foi utilizado durante anos como uma disciplina escolar, fonte de inspiração para o desenvolvimento de disciplina, coragem, determinação, uma filosofia de vida. Kano preparou mestres para levar sua proposta pedagógica para o mundo, uma vez que sua intensão não era gerar competição. Isso o levou, inclusive, a ser contrário ao judô nos Jogos Olímpicos, retardando a inclusão da modalidade no programa olímpico até 1964, ano em que os Jogos ocorreram em Tóquio. E assim o judô chegou ao Brasil, tanto pelos imigrantes japoneses que vieram tentar a vida em uma nova terra como pelas mãos de pessoas que se dedicaram ao desenvolvimento da modalidade e seus valores morais[2]. A inclusão do judô nos Jogos Olímpicos provocou uma transformação em sua prática em função da competição e da busca da vitória. É óbvio que no princípio os japoneses eram imbatíveis e essa impressão era compartilhada não apenas entre os brasileiros, mas por atletas de todo o mundo. Muitos atletas relatam terem ouvido de seus mestres a necessidade de treinarem para serem bons ou melhores do que eram até aquele momento, mas que não adiantava quererem ganhar dos japoneses porque eles eram os melhores do mundo. Bem como outras tantas profecias autorrealizadoras, algumas gerações de judocas brasileiros chegaram a Campeonatos Mundiais e Jogos Olímpicos cumprindo o papel que lhes foi imputado: ser os coadjuvantes da festa dos japoneses. Esse cenário foi revertido quando alguns atletas, insatisfeitos com esse papel, resolveram quebrar aquela tradição e inventar uma outra. A assim nasceu a chamada "escola brasileira do judô"[3].

---

[2] Para maiores informações sobre esse tema ver NUNES 2011.

[3] Essa e outras histórias estão narradas no livro de Katia Rubio, *Heróis Olímpicos brasileiros.*

Psicologia, Esporte e Valores Olímpicos

Walter Carmona relata o quanto ficava indignado ao ouvir seus mestres de ascendência japonesa falarem sobre a supremacia e invencibilidade dos judocas japoneses e o quanto isso desestimulava os brasileiros a buscarem resultados mais expressivos. Foi justamente essa descrença que o levou a buscar resultados nunca antes alcançados: ele queria provar que era possível quebrar uma tradição; que era possível ser medalhista olímpico mesmo sendo um *gaijin*. Embora Shiaki Ishii fosse o primeiro medalhista brasileiro do judô, foi depois de 1984, com Walter Carmona, Douglas Vieira e Luis Onmura que o judô brasileiro ganhou medalhas em todas as edições olímpicas até o presente, tornando-se uma das potências mundiais da modalidade, mesmo sem ter a visibilidade e o apoio da mídia que o voleibol teve.

Esse mesmo desafio eu vejo chegar agora ao tênis de mesa brasileiro. Modalidade de fácil massificação, presente em muitos locais de lazer e de custo pouco elevado, pela primeira vez na história a seleção brasileira irá completa aos Jogos Olímpicos com 6 atletas, 3 homens e 3 mulheres, importante avanço para o crescimento da modalidade. Vi no Brasil Open de Tênis de Mesa de 2012 uma geração talentosa aparecer. Garotos e garotas entusiasmados com a possibilidade de despontarem para o mundo de um esporte onde ainda predomina o imaginário da potência chinesa.

Espero ver acontecer com o tênis de mesa o mesmo que ocorreu com o voleibol e o judô. Que prevaleça o espírito de superação de uma profecia que determinou que apenas uns e não outros são competentes para chegar entre os melhores. Que os formadores estimulem e incentivem seus pupilos a buscarem a excelência e não a vitória a qualquer custo. Quem sabe assim assistiremos a mais uma mudança na cultura de uma modalidade.

O que é meu, o que é seu, o que é nosso

Costumava dizer meu falecido pai, Seo Hilário, que um dos maiores males da humanidade é a vaidade. Ele batia nessa tecla desde que eu era muito criança e me fazia ouvir sobre a importância da humildade para o verdadeiro reconhecimento de algo que é bom. Insistia o velho Larião na necessidade da espera e da reflexão antes da afirmação sobre questões que diziam respeito a si próprio. Mais do que um discurso pedagógico, essa prática doméstica, quase irritante, era seguida a risca pela família.

Quando iniciei minha vida acadêmica passei a observar que faltou Seo Hilário em muitos espaços nesse meio que se arvora de produtor do conhecimento. Que entre os apreciadores de futebol essa atitude humilde não faça muita falta, afinal todos os times são os melhores do mundo desde que sejam o meu time, é difícil conceber que essa soberba seja tão desmesurada entre os nobres e doutos pensadores. Nesses muitos anos de livre pensar já vi de tudo: do mais elevado poder criativo ao plágio deslavado, com ou sem protesto.

Os congressos costumam ser um *locus* privilegiado para esse farfalhar de penas que costuma colocar pavões em depressão. Afinal, nesses momentos que deveriam ser destinados a se apresentar o que há de mais novo, produtivo e criativo na atualidade têm se mostrado um festival de *control c, control v* sem nem mesmo se ter o trabalho de se mudar o pano de fundo do slide... e assim caminha a ciência...

Gastei boa parte dos meus últimos 25 anos de vida me dedicando a uma das coisas que mais gosto de fazer: pesquisar. Mais do que uma obrigação ou força do ofício, faço pesquisa porque sou curiosa, inquieta, descontente com a mesmice, enfim, sou uma novidadeira, como diria minha Vó Maria. Não gosto de rotina.

Psicologia, Esporte e Valores Olímpicos

Faço meus caminhos diários sempre buscando alternativas, mesmo quando o transito está bom. Presto atenção às coisas cotidianas como se fosse a primeira vez que as encaro. Lembro-me de um colega, do tempo em que eu trabalhava como redatora em uma agência de propaganda, que me dizia que eu só seria feliz quando eu encontrasse uma atividade profissional cuja rotina fosse nova a cada dia. Na época achei que ele tivesse querendo me mandar embora ou fazendo piada comigo, mas hoje percebo que Ferrari tinha toda razão.

Por que pesquiso?

Porque quero respostas menos óbvias para questões que parecem resolvidas ou insolúveis. Fácil assim. Como comer ovo frito com pão. Por causa disso sou uma psicóloga que adora a psicologia em suas multidimensões, com sua diversidade de correntes teóricas e epistemológicas. Cada vez que me deparo com um texto clássico fico imaginando o que levou o autor daquela preciosidade a pensar aquilo daquele jeito. Encanta-me pensar que por trás de um pensamento há um encadeamento de outros pensamentos em determinados momentos históricos que levam o autor a uma síntese capaz de responder, de alguma maneira, a uma questão pulsante de sua época. Depois dele outros tantos serão estimulados, seja pelo altruísmo ou pela inveja, a pensar sobre aquilo e produzir as suas próprias reflexões. É assim que vejo a produção do conhecimento: uma brincadeira de gente séria, que gasta seu tempo buscando saídas para jogos que nem sempre têm solução.

Claro que para isso as referências são fundamentais. Ninguém nasceu sabendo ou foi capaz de inventar algo absolutamente novo, inusitado ou inédito sem ter partido de algum ponto onde alguém antes já tivesse chegado. Foi assim com todas as grandes invenções, ou seja, o conhecimento é cumulativo e por isso ler, estudar e buscar é tão fundamental.

O que é meu, o que é seu, o que é nosso

Fico gelada até a medula quando algum incrédulo neófito me escreve pedindo referência bibliográfica para algum trabalho e em algum lugar da sua mensagem vem a fatídica frase "é que eu já busquei no *google* e vi que há muito pouco publicado na área".... ui! Que medo! Como deus perdoa e protege bêbados e crianças, cabe aos professores por vocação perdoar, para depois educar, esses personagens desejosos de conhecimento. De tal modo ofereço o que sei e aponto livros e artigos (não só meus!) para que mais um aventureiro se ponha no caminho do conhecimento.

Vou mais além. Outro dia, participando de uma palestra do Prof. Jorge Bento ouvi sua indignação sobre a falta de cultura dos jovens doutores, de maneira geral. Dizia meu querido professor Bento achar uma temeridade que alguém gozando dos privilégios de um "de erre" na frente do nome nunca ter lido Tolstoi, Thomas Mann, James Joyce ou mais especificamente Fernando Pessoa, José Saramago ou Machado de Assis, para não esquecermos os autores de língua portuguesa. Efetivamente aquilo soou como um belo sino de bronze nos meus ouvidos. A questão "que doutores estamos formando" ficou tilintando na minha cabeça a ponto de me fazer mudar a estratégia das reuniões semanais do grupo de estudos para o segundo semestre. Não ficaremos mais nos clássicos que embasam nossa pesquisa como Paul Ricoeur, Marc Bloch, Eric Hobsbawm, Ecléa Bosi, Sérgio Buarque de Holanda ou Gilberto Freire. É chegado o momento de colocar em nossa pauta a humanidade traduzida em prosa e verso pelos grandes para que assim cada um de nós tenha a dimensão um pouco mais precisa do que é ser grande, e não pseudomédio.

Espero com isso colaborar de alguma forma para a superação dessa crise moral e ética que parece persistir na produção acadêmica, que é o egoísmo egocêntrico de cada um querer ser o pai (ou mãe) de uma ideia, como se a concepção fosse um gesto individual, único e intransferível. Tenho muita dificuldade de entender o que leva um pesquisador a ocultar de seu trabalho a genealogia de seu pensamento. Entendo que apresentar os caminhos trilhados para se chegar a uma síntese, mais do que necessário, é pedagógico, é nobre, é desejado por parte de pesquisadores, principalmente, daqueles que são professores e também formadores de mestres e doutores.

Uma boa dissertação ou tese não se mede com o número de citações feitas ao longo do trabalho, mas na conexão que se faz entre todas essas produções. Isso quer dizer que a literatura não serve para me escudar daquilo que eu penso, pelo contrário, ela aponta para o caminho percorrido até se chegar a uma ideia nova, original, mesmo que modesta, pequena, franzina. Nenhuma grande ideia nasce grande num primeiro instante. Ela vai sendo construída, nutrida, reforçada e talvez seja esse o meu grande estímulo. Foram inúmeras as vezes que comecei uma pesquisa sabendo como ela teria início, mas sem qualquer noção de onde ela poderia chegar. A cada nova entrevista, a cada nova narrativa, muitos caminhos se abriram desaguando em novas frentes ou se fechando logo adiante. Nesse percurso me utilizei de leituras, músicas, filmes, documentários... que foram me ajudando a escrever isso tudo que eu penso. Talvez por isso minha pesquisa mais pareça romance do que ciência, mas também isso não me importa.

É justamente essa forma de lidar com o conhecimento, com meu "objeto" de pesquisa e com o produto de tudo isso que me faz contar sempre sobre o processo, sem qualquer pudor de me referir às fontes. Esse elogio ao processo me faz muito bem porque me leva a ter a noção exata de que faço parte de um grande grupo que fervilha, e cada um, a sua maneira e com seus recursos, contribui de forma distinta, deixando no todo a sua contribuição.

E claro, diante do tema aqui exposto, eu não poderia concluir essa reflexão sem citar um trecho de Canto de Ossanha, de Vinicius de Moraes e Baden Powell em que se diz:

O homem que diz "sou"
Não é!
Porque quem é mesmo "é"
Não sou!

Referências bibliográficas

NUNES, A. V. *A influência da imigração japonesa no desenvolvimento do judô brasileiro: uma genealogia dos atletas brasileiros medalhistas em Jogos Olímpicos e Campeonatos Mundiais*. 2011. Tese de doutorado (Educação Física) – Escola de Educação Física e Esporte da Universidade de São Paulo.

RUBIO, Katia. *Heróis Olímpicos brasileiros.* São Paulo: Zouk, 2004.

Larião, teu timão foi campeão!

Há um ditado que diz que família não escolhemos, herdamos. Entendo que muitos falam isso pra tentar justificar as mazelas da vida, principalmente aquelas que depõem contra nossas escolhas, principalmente as feitas na maturidade. Felizmente faço parte de um grupo que tem um profundo orgulho das origens, dos pais e da família. Claro que muitas opções que fazemos ao longo de nossa trajetória estão fincadas nesses modelos primários, para satisfação ou desgosto de quem vai se achegando com o passar dos anos. Aloco nesse complexo afetivo-efetivo gostos culinários, musicais, ideológicos e também futebolístico. Num país onde a escolha pelo time pode ter desdobramentos muito mais drásticos do que a escolha de um partido político ou candidato a presidência da república, vou logo justificando meu texto: é óbvio que isso se deve à vitória do Corinthians ontem diante do Boca Juniors pela Libertadores.

Aviso logo de saída que não escreveria esse texto se minha irmã Maria Silvia e minha sobrinha Giovana não tivessem me surpreendido logo pela manhã com uma foto de meu pai, em plena Buenos Aires, vestindo sua indefectível camiseta do Coringão abraçado a um portenho desavisado, em plena Caminito, trajando uma *remera* alvinegra do Teves. Isso aconteceu em janeiro de 2011 quando meu pai Hilário, minha mãe Darcy, minha irmã e eu resolvemos fazer uma viagem depois de incontáveis anos sem essa diversão. Para tanto foram necessárias muitas horas de negociação com o casal Darcy e Hilário, acostumados à mansidão da vidinha à beira mar. Depois de resolver quem cuidaria da cachorra Vitorinha, das plantas do quintal e da vó Maria fomos então a Buenos Aires comemorar os 51 anos de casados desse pai e mãe de quem não foi feita cópia, nem clone. Naqueles dias nada deu errado: caminhamos horas a fio pelas ruas e bairros de San Telmo, Palermo, Ricoleta, entramos na Casa Rosada, tiramos foto junto ao Che, visitamos o

Psicologia, Esporte e Valores Olímpicos

museu de Gardel e cantamos os parabéns das bodas em um show de tango. Tudo perfeito, até a chuva que caiu no domingo para diminuir do calor abrasador de verão. Tudo foi negociável, menos a determinação férrea de exibir sua escolha futebolística na roupa que usaria naqueles dias. Isso porque seria possível falar de Peron, de Evita, das Malvinas, mas deixando claro que time de futebol não se discute. Meu pai era um daqueles homens de convicções intensas, mas ao mesmo tempo polido e capaz de grandes negociações para fugir de um entrevero que pudesse sugerir um mal-estar que impedisse uma pausa para um cafezinho. Vestir a camisa do Corinthians, entendo hoje, queria dizer que ele não queria perder tempo com essas discussões infrutíferas sobre o bem o mal ou a existência ou não de Deus. Era acreditar e pronto.

O encontro na Caminito foi meio mágico porque foi absolutamente inesperado. Andávamos por aquele pedaço e ele falando de suas lembranças de jovem, quando de repente, não mais que de repente ele avistou, do outro lado da rua, um igual, membro da mesma tribo, promotor de sua própria identidade e sem vacilar atravessou. Sua camisa inteira branca destoava da listada em preto e branco do argentino, mas isso não fazia a menor diferença. A igualdade podia ser provada no distintivo exatamente igual que as duas ostentavam.

Nenhum de nós quatro, naqueles dias, podia imaginar que aquela seria nossa última viagem juntos. Seo Hilário se foi de forma inesperada, deixando inúmeras lembranças: a força de seus valores morais, a crença férrea em um mundo melhor, a transformação da sociedade por meio do trabalho, um amor ilimitado aos seus amigos e família e a paixão nessa mesma proporção por seu time do coração, o Coringão.

Comecei a me acostumar com sua ausência depois de passado o primeiro ano de sua morte. Fazer o que né?!. A única coisa irremediável dessa vida é ela, a dor que ela provoca também vai ficando

Larião, teu timão foi campeão!

suportável porque aos poucos vamos nos acostumando, muito embora incomode e às vezes até faça sofrer... mas a vida segue.

Ontem durante o jogo, não pude deixar de lembrar de tudo isso e das muitas vezes em que primos, tios e conhecidos iam em casa assistir a algum desses jogos históricos que deixaram na memória tantas imagens registradas. Já nos últimos tempos, Seo Hilário teve que mudar de estratégia. A emoção do jogo era tanta que ele preferia sair para passear na rua com a cachorra e depois de ouvir as comemorações ele voltava para casa, e conhecendo o final do jogo, procurava um videoteipe para assistir. O coração corintiano, sem nenhum engano, já não aguentava tanta emoção. Fiquei imaginando se ele estivesse vivo qual teria sido a rotina lá na Av. Rubens Ferreira Martins, em Peruíbe. Certamente os primos e agregados palmeirenses, santistas e são-paulinos seriam brindados com um telefonema sarcástico, como era seu estilo. Ele escreveria suas cartas, tão esperadas, recheadas de piadas e trocadinhos respondendo aos insultos maldosos referentes aos anos de espera por esse feito. Certamente no próximo aniversário ele ganharia tapete, cobertor, toalha de banho, guardanapo, chaveiro, pente e toda espécie de penduricalho com o símbolo de seu time como acontecia todos os anos. Afinal, assim como Elisa, a torcedora símbolo do Corinthians nos anos 1970, ele era o torcedor símbolo da família Rubio, tão grande quanto poderia fazer supor os descendentes de seus dez irmãos e irmãs.

Hoje pela manhã, em meio a uma reunião, fui surpreendida pela foto da Rua Caminito postada no facebook. Sensibilizada desde ontem por tantas lembranças, não consegui conter toda a avalanche de memórias que essa foto causou. Ele estava lá, na minha frente, naquela manhã ensolarada de um *verano porteño*, eternizado em uma canção de Piazolla.

A vida segue.

Psicologia, Esporte e Valores Olímpicos

Tinha me disposto a não me manifestar sobre a vitória do Corinthians porque meus colegas são-paulinos poderiam não entender a minha posição, afinal, sou uma profissional do esporte. Tinha me disposto a deixar passar a euforia dos amigos corintianos e a inveja caprichosa dos amigos contrários. Li o texto do querido amigo Rodrigo Cardoso, um são-paulino, jornalista competente e sensível às coisas do mundo, que mais do que registrar um feito qualquer também busca na memória as muitas lembranças de um momento rápido, de um instrumento gasto ou de um ator aflito, com cantaria Zélia Duncan.

Independente do time que torcemos, da empresa que trabalhamos ou da pesquisa que fazemos, carregamos em nós todas essas marcas que a família, os amigos e os lugares onde moramos deixam em nós. Dependendo da função e dos papéis sociais que desempenhamos ao longo de nossa trajetória tendemos a nos aproximar ou a distanciar deles, mas nunca a nos desligar. Racionalizamos, analisamos, interpretamos e até intervimos em muitas situações com o distanciamento necessário para o desempenho de nossas funções. Mas, de repente, uma foto, um texto nos invade e nos impele a não deixar passar em branco algo que é de fato significativo.

Por tanto, já que me vi nessa condição, eu não posso deixar aqui de anunciar... vai que lá de cima ele não ouviu... Larião, teu timão foi campeão!

O maior espetáculo de todos os tempos

Quando o Barão Pierre de Coubertin reinventou os Jogos Olímpicos, ele jamais poderia imaginar no que se transformaria esse espetáculo que nasceu para ser uma grande celebração, ainda que para poucos e abastados. Até ele morrer, em 1937, assistiu à interrupção do ciclo olímpico com a não realização dos Jogos de 1916, por causa da Primeira Grande Guerra, a transformação dessa celebração em um grande espetáculo com os Jogos Olímpicos de Los Angeles em 1932, mas nada que se comparasse aos Jogos de Berlim em 1936, sob a coordenação de uma bem preparada equipe de propaganda nazista, que transformou essa edição olímpica no maior espetáculo olímpico jamais visto. Essa afirmação veio do próprio Coubertin.

Talvez tenha sido Hitler e sua equipe os primeiros a perceberem o quanto essa celebração, que nasceu para promover a paz entre as nações e ser uma linguagem universal, poderia ser utilizada como uma forma de mostrar ao mundo a pujança de uma nação e a força de um povo. Isso porque a estrutura necessária para a realização de uma edição olímpica só é possível com o envolvimento do Estado, uma vez que são mobilizadas toda a infraestrutura da cidade que se propõe a realizá-la. E é função do poder público, uma vez que essa estrutura pode depois ser usada pela comunidade que abrigou os Jogos. Esse é um dos legados mais visíveis e discutidos, afinal, obras costumam durar muito, se benfeitas.

Mas, não são apenas obras grandiosas que ficam para a história dos Jogos Olímpicos. Há realizações que atravessam os anos, e se formos olhar para o passado, os séculos, muitos séculos, como atestam os muros do estádio olímpico, em Olímpia, na Grécia. Ali estão inscritos os nomes de todos os atletas vencedores da prova de velocidade das competições olímpicas da Antiguidade. Mesmo

Psicologia, Esporte e Valores Olímpicos

o tempo e as intempéries tendo se incumbido de deixar suas marcas em uma obra tão magnifica, nada mais indelével do que os resultados obtidos por aqueles cidadãos que partiam de diferentes cidades, rumo a Olímpia, em busca da eternidade, conquistada por meio de um feito glorioso, como a vitória na prova do estádio.

É provável que Hitler soubesse disso, porque o que ele buscava nos Jogos Olímpicos de 1936 era mostrar ao mundo a superioridade dos atletas alemães, preparados por um Estado que se afirmava para o mundo como potência, deixando também sua marca para a história. Curiosamente, estudiosos das ciências humanas e do esporte apontam esse momento como um marco na história do Olimpismo por usar a filosofia que fundamenta os Jogos para fins outros que não a celebração da paz entre os povos e a busca da excelência.

O que é possível observar depois de 1936, ao longo de todo o período da Guerra Fria, e agora em plena ocorrência do profissionalismo é que o mesmo deslocamento de objetivos continua a acontecer e isso pode ser observado na presença cada vez mais necessária do Estado na realização dos Jogos Olímpicos e o esquecimento daqueles que são a verdadeira razão de ser da competição esportiva: os atletas.

Não há espetáculo sem eles. De nada adianta toda a discussão a respeito da realização ou não desse megaevento, seja lá onde for,se não se investir e motivar o desenvolvimento do talento daqueles que são os protagonistas dessa realização que pode, ou não, ficar na memória e entrar para a história, como uma realização sem precedentes ou a quebra de um recorde. Muito embora sejam eles a razão de tudo isso acontecer. Vejo, estudo e acompanho essas trajetórias e ainda me espanto com o desprezo e a falta de cuidado com que são tratados esses que são imortalizados por seus feitos, ou no caso do Brasil, pelo "simples fato" de terem ido aos Jogos Olímpicos.

E quanta memória há guardada do esporte olímpico brasileiro.

O maior espetáculo de todos os tempos

Desde a primeira participação brasileira, em 1920, acumulam-se histórias das mais variadas espécies. São elas heroicas como as longas travessias do oceano a bordo de navios de passageiros ou cargueiros travestidos de navios de guerra, como foi o caso de 1932. Há cenas de cunho heroico como foi o caso do já bicampeão olímpico Adhemar Ferreira da Silva que competiu tuberculoso nos Jogos Olímpicos de Roma ou Aída dos Santos, a única mulher na delegação brasileira que competiu sem a companhia de qualquer técnico ou dirigente nos Jogos de 1964 e ficou na 4ª colocação no salto em altura. Há ainda a disposição férrea de um grupo de mulheres dispostas a superar o preconceito e a falta de estrutura e de respeito como é o caso do futebol feminino que impõe sua marca desde 1996. São muitas histórias, várias com final feliz e outras nem tanto, mas cada uma dessas de alguma forma alterou a vida e famílias, cidades e o próprio país trazendo a marca da superação, da busca pela excelência, palavra tantas vezes utilizada, mas pouco incentivada com recursos materiais capazes de materializar um resultado digno do esforço realizado para esse fim.

Se os Jogos Olímpicos podem ser vistos como a metáfora das disputas bélicas que a sociedade contemporânea procura abolir, a superação dos limites continua a ser a atitude que mais contagia as gerações que se espelham nos atletas que competem como o seu ideal de "vir a ser". Isso porque essa manifestação prodigiosa de habilidade é aquilo que leva o humano à transcendência, que o imortaliza, que o torna quase divino. Por que não valorizar isso? Porque é preciso acostumar-se à possibilidade de ser campeão. É preciso preparar-se para estar ao lado dos melhores e se sentir pertencente a esse pequeno grupo e não o contrário, um peixe fora d'água.

Isso é que os Jogos Olímpicos, e sua realização, podem mostrar a esse país que começa a se acostumar a estar lado a lado com os grandes, com os melhores. Não queremos fazer festa para os outros se divertirem. Queremos fazer uma festa para também aproveitarmos. Queremos estar em 2016 não para ouvir o hino e ver a bandeira de outros ser hasteada. Para isso é preciso que várias forças se unam e se responsabilizem pelo que virá acontecer daqui a 4 anos.

Sabemos que para isso ocorrer era preciso ter se começado antes. Basta ver os resultados de todos os países que postularam a condição de sede olímpica e esses dados nos mostram que na edição imediatamente anterior a curva do quadro de medalhas já apontava para um desempenho denunciador de maior desenvolvimento e melhores resultados que nas edições olímpicas anteriores.

Mais alguns dias e o espetáculo irá começar. Promessas não faltam e otimistas e pessimistas fazem suas apostas. Até quantas medalhas chegaremos? Difícil dizer ainda, mas como sempre, quem enfrentará as câmeras e os microfones para dar explicações sobre o sucesso ou o fracasso serão eles, os atletas, que preparados ou não para isso, carregam nos ombros a expectativa de milhões de brasileiros, que mal-informados acreditam que poderemos ter inúmeras medalhas.

Espero em breve poder escrever que desta vez foi diferente.

O espírito olímpico dos mortais

É incrível pensar que não consegui publicar um único texto ao longo dos Jogos Olímpicos de 2012. Isso não quer dizer que eu não estivesse mobilizada por muitas questões ao longo dos 17 dias que abalaram o mundo esportivo... *O Segredos do Esporte*, programa diário do qual participei e que foi ao ar pela ESPN, junto com Paulo Calçade, foi altamente mobilizador tanto por ter sido ao vivo como por ter sido uma proposta inédita e inovadora no jornalismo esportivo. Falamos de muitos temas que já foram abordados, mas isso não representou mesmice ou continuidade.

E como diz o sábio... antes tarde do que mais tarde, tentarei deixar aqui a minha impressão daqueles que foram os jogos da XXX Olimpíada moderna:

4 anos se passaram desde que o orientalismo de Pequim foi substituído pela modernidade Ocidental de Londres. Achei o máximo a proposta ali apresentada de aproximar tradição e modernidade, imagem que a Inglaterra cultiva com o mesmo cuidado que David Beckham cuida de seu visual de metrossexual.

Com um logotipo polêmico por ser moderno demais, uma necessária campanha de engajamento da população local aos Jogos e um orçamento estourado, pondo por terra a falácia de que gringo sabe fazer planejamento e não rouba, os Jogos Olímpicos de Londres começaram com uma festa digna de espanto: do bucolismo da vida rural às maravilhas da revolução industrial, passando pela exploração dos trabalhadores e a vida de formiga, sem escalas. É sabido que o mentor daquela festa toda é um sujeito com formação política e crítica, crítica essa exercida com maestria no momento em que apresentou ao público uma homenagem ao sistema público de saúde inglês. Quando é que alguém poderia imaginar que hospitais pudessem fazer parte de uma festa de abertura olímpica, momento de exaltação de símbolos nacionais? Isso quer dizer que a saúde era isso até o fim o Estado de bem-estar social promovido por Miss Thatcher.

Embalados por Harry Potter, Mary Poppins, Peter Pan e muito *rock'n roll*, os Jogos Olímpicos de Londres começaram para o Brasil com uma promessa assumida de conquista de pelo menos 15 medalhas e apresentações inesquecíveis, afinal já somos uma "inquestionável nação olímpica".

Entre luzes, câmeras e muita ação, os 17 dias de competições reservaram, como sempre, inúmeras emoções protagonizadas por atletas de diferentes nações e culturas, como as mulheres muçulmanas que enfrentaram a fúria do *status quo* de seus países e pisaram nas arenas olímpicas levando junto a seus corpos suas tradições, assim como Oscar Pistorius que imprimiu sua marca desafiando a "perfeição" do corpo humano, correndo com suas pernas ficcionais.

Para mim o que os Jogos Olímpicos de Londres 2012 deixam de expectativa é como o mundo esportivo se portará depois de tantas denúncias de *anti fair play*.

Durante muitos anos assisti a infindáveis discussões sobre a importância do "jogo limpo" no esporte, inclusive a condição dessa moralidade como um dos pilares fundamentais do olimpismo... Coisa da moral cavalheiresca, tomada como universal, mas sabidamente uma invenção da aristocracia inglesa, aquela mesma que impedia os grupos de trabalhadores que jogavam futebol e *rugby* de participar de seus campeonatos porque esses outros não eram "amadores". Passados mais de cem anos, assistimos, não passivamente, ao longo do século XX a situações como a de Jim Thorpe, um misto de indígena americano e de europeu considerado um dos atletas mais versáteis do esporte moderno e campeão olímpico no pentatlo e no decatlo em 1912, perder seus títulos e medalhas olímpicos por ter jogado beisebol profissional, isso sim uma afronta ao espírito olímpico! Foi preciso uma campanha internacional e o empenho dos filhos e de algumas personalidades do esporte

O espírito olímpico dos mortais

mundial para que seus títulos fossem resgatados após trinta anos de sua morte, em 1983. Ou à excentricidade do caucasiano Mark Spitz, que nos Jogos Olímpicos de Munique, em 1972, depois de conquistar a marca até então inédita de 7 ouros olímpicos na natação, subiu ao pódio com seu par de tênis Adidas pendurado ao pescoço, expondo um patrocinador que, impedido pelas mesmas regras que puniram Jim Thorpe, pagava-lhe vultosas somas para usar as três listras da marca alemã. E nada lhe aconteceu.

Quanta moralidade em um ambiente repleto de imoralidades!!!

Em Londres assistimos à desclassificação de quatro equipes de badminton por usarem o limite de suas forças para perder os jogos. *Oh my God*!!! O que diria o nobre Barão de Coubertin sobre essa ignomínia? Onde estaria o *fair play*? Na leitura das regras, diriam os pragmáticos. Nessa hora me lembro do Prof. Jorge Bento em sua última passagem por São Paulo, quando em meio a uma palestra emocionada sobre a bancarrota do mundo acadêmico que perde sua essência em nome do cumprimento das regras produtivas, dizia que sob a desculpa do pragmatismo se aceita e se desculpa a imoralidade. Essa discussão avança para as muitas equipes dirigidas por excelentes e experientes técnicos pragmáticos que analisando o desencadeamento do sistema de classificação de suas modalidades determinam a suas equipes que ganhem ou percam para que no futuro próximo possam enfrentar adversários escolhidos a dedo para seus futuros espetáculos.

Confesso que já vi muitas coisas no esporte, mas nunca tinha assistido a tamanho descaramento de técnicos e dirigentes como nesses casos. Infelizmente, apenas as regras do badminton podiam punir os atletas que atentaram contra o espírito esportivo negando-se a competir, oferecendo ao adversário e ao público, seu melhor jogo. As demais apenas jogaram "dentro das regras".

Psicologia, Esporte e Valores Olímpicos

Esporte não é mercado financeiro onde o grande especulador joga na bolsa com um nome, uma marca ou uma empresa sem que ela exista e promova, às vezes, verdadeiros desastres por vender vento e ilusão como se fosse algo tão concreto e grandioso como as pirâmides do Egito. O verbo especular não guarda qualquer relação com o adjetivo espetacular. Não é apenas porque um verbo sugere uma ação, enquanto o adjetivo qualifica o substantivo, mas acima de tudo porque o esporte exige a busca da excelência, condição ambicionada também em outras ações humanas nas quais o esporte se espelha.

Quero crer que, como em outros momentos da história, uma situação gera a reflexão e a transformação de quadros já estabelecidos, os jogos entregues e os resultados acertados de antemão produzam um movimento de resgate do *fair play*, atualizando-o para as condições de um esporte que há muito se distanciou de valores básicos, tão caros àquela competição do passado que mobilizava pessoas ao redor do mundo pelo desejo puro da competição limpa. Falo aqui de valores humanos essenciais e não de valores financeiros que mobilizam tantos interesses nesse fenômeno quase universal.

Quero ver jogos como da equipe brasileira feminina de vôlei que levou alguns ao pronto-atendimento cardiológico, mas afirmou uma luta justa por um resultado espetacular. Quero assistir a uma luta digna como a de Diogo Silva, que mesmo sem perder nenhuma disputa não conquistou a tão desejada medalha, mas mostrou que não estava ali apenas para participar de uma festa. Quero ver as boxeadoras e os boxeadores brasileiros vencerem a profecia autorrealizadora de que brasileiros não são bons nisso.

Enfim, quero ter o orgulho de ver Villa Lobos, maracatu, Iemanjá, samba, bossa-nova, Quarup e até Pelé participarem de uma festa que em nada deixou a dever ao consagrado *rock'n roll* e pop britânicos, embora naquele momento nada estivesse em disputa.

E que venha 2016.

Valores. Olímpicos? Não. Humanos.

Nos últimos dias fui invadida por informações referentes à apropriação indébita de dados do Comitê Organizador dos Jogos Olímpicos de Londres por parte de pessoas ligadas ao Comitê Organizador dos Jogos Olímpicos do Rio de Janeiro. Eu mesma já manifestei minha indignação sobre isso em um texto anterior, mas tento agora ser menos teórica e mais afirmativa, ajudando, quem sabe, àqueles que desejam trabalhar com esse fenômeno sem ter nunca sido preparado para isso.

Quando falo em valores olímpicos não me refiro ao um fenômeno raro, próprio, nascido da inspiração de alguém criativo e iluminado. Já escrevi sobre isso em diferentes artigos e livros: que o Olimpismo reflete as condições sociais e históricas do momento e lugar onde ele é ou foi produzido. Por isso ele carrega tanto da tradição inglesa, posto que Pierre de Coubertin aliou-se estrategicamente aos mentores do sistema esportivo inglês do final do século XIX para que sua proposta olímpica fosse bem-sucedida. Ao longo do século XX assistimos a inúmeros avanços e recuos da Carta Olímpica por conta dos interesses em jogo, fossem eles políticos ou comerciais, associados principalmente à realização dos Jogos Olímpicos, a face pública e de maior visibilidade do Olimpismo.

Mesmo diante de tantas transformações do breve século XX, as questões relacionadas aos valores talvez sejam as menos mutáveis dentro do programa Olímpico. Isso não quer dizer que não tenha havido transformações nesse ideário ao longo do século passado, mas seguindo de perto as transformações de uma sociedade vivamente afetada por duas grandes guerras em campo, uma guerra fria que consumiu grande parte da energia mundial na solução de conflitos e outros tantos confrontos regionais não menos sangrentos, os valores olímpicos expressaram os valores humanos na pauta dos diferentes grupos sociais.

Psicologia, Esporte e Valores Olímpicos

São esses valores que hoje se encontram na nossa pauta do dia, seja nos programas de educação olímpica que estamos executando (e que pretendemos ampliar), na formação dos atletas (que podem ou não chegar aos Jogos Olímpicos) ou ainda na formação pessoal de todos aqueles que direta ou indiretamente já se envolveram (ou ainda se envolverão) de alguma forma com a realização daquilo que deveria ser uma grande celebração, e não apenas um espetáculo altamente rendoso para grandes companhias.

Nos Jogos Olímpicos da Antiguidade, um dos valores fundamentais daqueles que se envolviam com essa celebração era a *areté*, que equivale ao latino *virtus*, e representa hombridade, valor. O vigor, a saúde, a beleza, a força e a destreza são considerados expressões da *areté* do corpo, ao passo que a sagacidade, a bondade, a prudência, o senso de justiça, o amor às artes e a agudeza mental são *areté* do espírito. Segundo Rubio & Carvalho (2005), o adjetivo *agathós* (bom), que corresponde ao substantivo *areté*, é aplicado ao homem que reúne as qualidades de valentia e nobreza àquele que tanto na guerra como em sua vida privada pratica regras de conduta inatingíveis ao comum dos mortais.

Esses valores, próprios da sociedade helênica, não se repetiram, porém inspiraram, a construção dos valores que dão suporte ao Olimpismo contemporâneo, como por exemplo, o *fair play*. Muito embora o *fair play* esteja associado basicamente à situação de competição, há outros sete valores que baseiam e fundamentam o Olimpismo em si, e são a base dos programas de educação olímpica que hoje são desenvolvidos em algumas partes do mundo, como foi o trabalho apresentado por Katharina Galuba, da Alemanha, no seminário de pós-graduação em estudos olímpicos, na Academia Olímpica Internacional, em Olímpia, na Grécia. Em sua proposta destacam-se sete valores a serem discutidos em um programa de educação olímpica: a amizade, a excelência, o respeito, a coragem, a determinação, a inspiração e a igualdade.

Valores. Olímpicos? Não. Humanos.

Como os valores estão relacionados diretamente a questões culturais, faço aqui a minha interpretação, a partir da vivência e do entendimento que temos desses pontos em nossa sociedade.

- a amizade: é a disposição para a integração, para a inclusão, para a aproximação mesmo diante das diferenças culturais. O conceito de amizade sugere a integração entre os povos e no seu limite alcançaria uma das utopias olímpicas que é a promoção da paz.
- a excelência: que implica na busca pelo melhor de si próprio e não necessariamente a superação do outro. Essa condição pode ser estendida a muitos âmbitos da vida, o que implicaria, em última instância, na transformação social.
- o respeito: condição básica da vida em sociedade. Aqui podemos entender não apenas o cumprimento da regra, mas essencialmente a incorporação dos valores no sentido de não se precisar de formas de regulação externa para o seu cumprimento.
- a coragem: condição associada à disposição do enfrentamento. Entenda-se por enfrentamento o ato de se tomar decisões a partir do julgamento que se faz de uma situação e não necessariamente ao cumprimento de uma ordem ditada por alguém. Esse talvez seja um dos maiores reveladores da formação moral do indivíduo.
- a determinação: gesto relacionado ao cumprimento de um objetivo. Aqui se cruzam a disposição pela ação, a disciplina para o seu cumprimento e o apego a princípios que norteiam essa execução, uma vez que a trilha que se usa para o seu cumprimento pode estar repleta de propostas que contrariam a virtude.
- a inspiração: consideração do sensível na realização da tarefa. É a incorporação dos planos afetivo e intuitivo tão necessários ao cumprimento de um chamado que pode ser imposto por

uma determinação externa ou interna, resultante de uma ação sistemática e não esotérica.

- a igualdade: o direito à participação. Busca pelo reconhecimento e pelo pertencimento à aquilo que nos humaniza que é a vida em sociedade. Ainda que utópica, talvez seja a mola propulsora de muitos projetos que têm o humano como a condição fundamental do desenvolvimento, seja do conhecimento, da tecnologia ou da política.

Mais do que se destacarem como valores olímpicos, vejo esses valores como universais. Entendo que a amizade se soma a excelência, ao respeito, à coragem, à determinação, à inspiração e à igualdade e se destacam no trabalho daqueles que se notabilizam como pró-social. Eles não se aplicam apenas ao fazer do atleta na exposição de suas habilidades no território da competição esportiva.

Por isso é de admirar que aqueles que hoje estão envolvidos diretamente com a organização dos Jogos Olímpicos no Rio de Janeiro não tenham a menor ideia sobre essas questões, afinal tudo isso deveria ser um valor intrínseco, próprio do sujeito, e não apenas um item a ser checado na entrevista de admissão do postulante a algum cargo.

Os valores olímpicos, e, portanto, humanos, são os maiores propulsores do imaginário heroico que transpira dos Jogos Olímpicos para o público e que mantém vivo esse fenômeno que mobiliza, excita e emociona a tantos ao redor do planeta. Talvez por isso que situações que envolvam corrupção, descumprimento de regras ou falcatruas de qualquer ordem sejam tomadas de forma tão dramáticas, porque, no limite, elas representam a traição daquilo que nos torna, indiscutivelmente, humanos.

Referência bibliográfica

RUBIO, K., CARVALHO, A. L. *Areté, fair play* e movimento olímpico contemporâneo. *Revista Portuguesa de Ciências do Desporto*, v.3, p.350 - 357, 2005.

Impresso por :

gráfica e editora

Tel.:11 2769-9056